여자는 왜 갑자기 화를 낼까

ONNA WA NAZE TOSTUZEN OKORIDASU NO KA?
Copyright ⓒ Himeno Tomomi 2006
First published in Japan in 2006 by KADOKAWA SHOTEN CO., LTD., Tokyo.
Korean translation rights arranged with KADOKAWA SHOTEN CO., LTD., Tokyo.
through Shinwon Agency Co.

이 책의 한국어판 저작권은 신원에이전시를 통한
KADOKAWA SHOTEN CO., LTD.와의 독점 계약으로 도서출판 이아소에 있습니다.
저작권법에 의해 한국 내에서 보호를 받는 저작물이므로 무단전재와 무단복제를 금합니다.

연애에 서툰 남자들을 위한
여자 심리 특강

여자는 왜 갑자기 화를 낼까

히메노 토모미 지음
구현숙 옮김

이아소

여는 글

여자를 알아야 여자의 마음을 얻는다

뇌와 몸이 다르기 때문에 어쩔 수 없다
남자와 여자는 다른 생물이다. 뇌 구조도 다르지만, 몸의 구조 역시 다르다.

 뇌 구조가 다르다는 것은 남자와 여자가 완전히 다른 필터를 통해서 세계를 보고 있다는 의미이다. 무엇에 매료되고 무엇을 갈망하며 무엇을 편하게 느끼고, 무엇을 지키고자 하는지 등 모든 사고방식이 다르다. 다시 말해 남녀는 사고 형태가 완전히 다르다.

 그러나 많은 남자와 여자들은 자신들이 같은 것을 보고, 같은 생각을 하고 있다고 믿고 있으며, 자신의 생각이 상대방에게도 통용된다고 착각하고 있다. 전혀 다름에도 불구하고 '같다'라는 환상에 사로잡혀 있는 것이다.

 그 환상에서 오해가 시작된다.

 자신과 같다고 믿었던 상대방에게서 매번 기대와 다른 반응이 돌아오면 당연히 짜증이 나기 마련이다. 그리고 많은 충돌과 문제가 발생한다. 그 이유를 제대로 알려 하지 않고 항상 뒤로 미뤄두면 나중에는 해소하지 못한 불만만 쌓인다.

그래서 남자는 '여자는 왜 언제나 그런 식이지?' 라며 여자에게 불만을 품게 되고, 또 여자는 '남자는 왜 언제나 그 모양이지?' 라며 남자에게 불만을 품게 된다.

다시 말하지만 남자와 여자가 서로의 사고방식과 행동에 의문을 갖거나 불만을 느끼는 것은 매우 자연스러운 일이다.

'차이'를 인정하는 것에서부터 모든 것은 시작된다

여기서 중요한 것은 남자와 여자가 서로의 '차이'를 어떻게 인식하고 있느냐 하는 점이다.

사람마다 능력이 모두 다르기 때문에 당연히 인간의 능력에는 '차이'가 있기 마련이다.

아이들의 학교 성적 문제도 그렇고 장애인 복지 문제도 그렇지만, 우선은 '다르다'는 사실을 그대로 받아들이는 것이 가장 중요하다.

어떻게 해야 할지 고민하기 전에 먼저 다름을 인정해야 올바른 해결책을 찾을 수 있다.

그러나 '인간은 모두 똑같다'는 환상에 사로잡혀서 사람마다 '차이가 있다'는 사실을 인정하지 못하고 외면하면 오히려 차별을 불러일으킬 수 있다.

이것은 남녀의 '차이'에서도 마찬가지이다.

남자와 여자 모두 '남자와 여자에게 차이가 있다'는 사실을 인정해야 한다.

이것은 어느 쪽이 더 우수하다든지, 어느 쪽이 더 열등하다는 의미가 아니다.

남자와 여자에게는 분명히 '차이'가 있으며, 그 '차이'는 남자와 여자의 몸과 뇌 구조의 차이에서 비롯된 것이다.

최근에는 뇌과학, 의학, 생물학, 동물행동학 등 다양한 분야에서 남자와 여자의 사고방식과 행동의 차이에 대한 연구가 이루어지고 있으며 그 이유가 밝혀지고 있다. 평소에 이해하기 어려웠던 상대방의 생각과 행동이 남녀의 뇌 구조와 신체의 차이에서 비롯된 것이라는 사실을 이해하고 있으면 교제할 때 대응 방식도 크게 달라질 것이다.

또한 서로의 차이를 인정하면 남자가 잘하는 것과 여자가 잘하는 것이 다르다는 사실을 알 수 있고, 자연스럽게 역할의 차이도 깨닫게 된다. 이렇게 남자와 여자가 서로의 '차이'를 정확히 이해해야만 '남녀의 차이를 극복하는 방법' 혹은 '오해와 충돌을 피할 수 있는 방법'에 대해 이야기를 나눌 수 있다.

남녀의 차이를 알아야 가능성이 높아진다

나는 이 책에서 남자들이 이해하지 못하는 여자의 행동에 대해 이야기해보려고 한다. 남자는 여자들의 이해할 수 없는 행동에 '여자는 왜 항상 그런 식이지?'라며 짜증을 내지만 여자들의 행동에는 다 이유가 있다.

　남자에게 여자의 생리통을 이해하라고 해봤자 무리이다. 여자에게 남자가 사정할 때의 쾌감을 이해하라고 하는 것 역시 불가능하다. 이것은 생물학적인 차이이므로 어쩔 수 없다. 이와 마찬가지로 남자들이 '어째서 그렇지?'라며 의아하게 생각하는 여자들의 행동에는 대체로 과학적인 증거가 존재하는데, 이에 대해 설명을 해보고자 한다.

　평소에 여자에게 말로 표현할 수 없는 불만을 가지고 있던 사람에게는 이론적으로 여자를 이해할 수 있는 기회가 될 것이다. 어쩌면 '과학적인 근거'를 무기 삼아 지금까지 수많은 지뢰가 묻혀 있어서 들어가지 못했던 세계에 발을 들여놓을 수 있을지도 모른다.

　만일을 위해서 미리 양해를 구하자면, 나는 이 책을 통해 여성의 사회 진출이나 지위 향상을 막으려는 것도 아니며, 남성에게 여성들을 험담하라고 말하는 것도 아니다. 나 역시 여자이며 사회에서 여성의 가능성을 확대해 나가야 한다고 생각한다.

　남자와 여자는 달라도 너무 다르다. 그렇기 때문에 남자와 여자가 서로를 진정으로 이해하고 양보하면서 앞으로 나아가기 위해서는 충돌하는 이유, 즉 서로 이해 못하는 이유가 무엇인지 확실히 알아야 한다.

　남자는 여자 없이 살 수 없으며, 여자도 남자 없이 살 수 없다. 함께 살아가기 위해서는 먼저 상대방이 세상을 바라보는 방식이나 느끼는 방식이 자신과 전혀 다르다는 사실을 인정해야 한다. 그 뒤에 관계를 시작하는 것이 좋다. 서로의 차이를 조율해가다 보면 상대방과 자신에게 결여된 것이 무엇이고, 필요한 것이 무엇인지 차차 깨달을 수 있다. 서로의 차이에 늘 관심을 기울이는 마음가짐은 가정과 직장에서 남자와 여자의 관계를 더 잘 이해할 수 있도록 도와줄 것이다.

 이 책에서 그런 지혜를 배워 남녀의 거리를 좁히는 데 도움이 되었으면 하는 바람이다.

차례

여는 글 여자를 알아야 여자의 마음을 얻는다 … 05

Chapter 01 / 남자를 초조하게 만드는 여자의 뇌

여자는 왜 갑자기 화를 내거나 울음을 터뜨릴까? … 017
갑자기 폭풍처럼
여자의 뇌는 감정통로가 넓다
'홍수'에 대한 대비는?

여자는 어떻게 카페에서 2시간이나 잡담을 나눌 수 있을까? … 022
뇌의 '정보교류'의 차이
여자의 뇌는 수다를 통해 쾌감을 느낀다
여자의 수다는 필요악이다

여자는 왜 '내 말을 들어주지 않는다'며 화를 낼까? … 028
말하는 방식의 차이는 뇌의 차이
여자가 원하는 것은 공감이다
남자와의 대화에는 그럴듯한 이유가 필요하다
맞장구만 잘 쳐도 대화가 달라진다

여자는 왜 억지를 부려가며 남자를 괴롭힐까? … 037
여자의 변덕에는 이유가 있다
여자의 생식력은 '기간 한정'이다
여자는 양면성을 가진 생명체이다

여자는 왜 남자의 꿈과 로망을 이해하지 못할까? … 041
꿈을 쫓는 남자, 현실에 묶인 여자
여자는 눈앞의 것만 보려 한다
여자는 남자의 계획을 물거품으로 만든다
남자에게는 바른 길을 고르는 뛰어난 능력이 있다

Chapter 02 / 사랑과 섹스에 관한 여자의 속마음

여자는 어떻게 남자의 외도를 정확히 알아차릴까? … 051
여자에게는 직감이 있다
여자는 '그냥 왠지…' 라는 말로 모든 것을 설명한다

여자는 왜 인정받지 못하는 사랑을 동경할까? … 057
연애를 하면 뇌가 활성화된다
여자는 사랑에 목숨을 걸 수 있다
'간접 연애'로 뇌가 활성화된다

'4년이면 사랑은 끝난다'는 말은 의학적으로 근거가 있을까? … 063
'연애 호르몬'의 효과는 영원하지 않다
식어가는 사랑을 오래 유지하고 싶다면

여자는 왜 사랑과 섹스를 하나로 생각할까? … 068
섹스는 남자의 최종 목적이다
남자의 쾌감은 도파민, 여자의 쾌감은 엔도르핀
섹스는 남자에게는 끝, 여자에게는 시작을 의미한다

여자가 원하는 시기는 도대체 언제인가? … 075
여자의 뇌는 성적으로 흥분하기 어렵다
섹스가 끝난 뒤에 바로 텔레비전을 켜서는 안 되는 이유
여자의 성욕을 높이는 방법

여자는 왜 아이가 생기면 아이에게만 관심을 쏟을까? … 082
'출산 전'과 '출산 후'가 전혀 다른 사람 같다
포유류는 수유로 사랑을 키운다
여자는 출산을 통해서 허물을 벗는다

여자는 왜 '욘사마'에게 빠져들까? … 088
여자로 다시 태어나는 일
여자가 중년의 위기를 극복하는 열쇠

Chapter 03 / 남자는 이해할 수 없는 신비한 여자의 몸

여자는 왜 오래 사는 것일까? … 095
여자를 이해하기 위해서 꼭 알아야 하는 문제
여자를 아름답게 만들어 남자를 유혹하는 호르몬
여자는 평생 에스트로겐의 지배를 받는다

여자는 왜 생리할 때 아무것도 못할까? … 102
잔뜩 흐렸던 장마가 걷히고 날이 맑게 개다
생리 중인 여자를 대하는 태도에 따라 남자의 가치가 달라진다

여자에게는 왜 '악녀 시기' 와 '숙녀 시기' 가 있을까? … 107
생리할 때쯤이면 왜…?
여자에게는 남자의 접근을 허용하는 시기와 거부하는 시기가 있다
남자와 여자의 관계는 구별하기 어렵기 때문에 흥미롭다

뼈 나이가 60대인 20대 여자가 늘고 있다 … 113
20대에 갱년기 장애와 같은 증상이 나타나는 여자들
여자는 일찍 결혼해서 아이를 낳아야 하는 것일까?

여자는 왜 다이어트에 열을 올릴까 … 118
극단적인 다이어트는 여자의 적
다이어트라는 금단의 게임

'아내를 고를 때는 그 어머니를 보라' 는 말은 사실일까? … 122
미인은 유전일까, 아닐까?
체형·체질은 모성유전을 하는가?

왜 여자는 냉증과 빈혈, 변비로 고생하는 것일까? … 126
여자는 경보감지 능력이 잘 발달되어 있다
냉증이라는 만성질환
여자라면 누구나 한 번쯤 경험해본 빈뇨증과 방광염
변비와 두통
중요한 순간에 쓰러지는 빈혈과 앉았다 일어나면 어지러운 저혈압

Chapter 04 / 남자를 곤란하게 하는 여자의 전략

여자는 왜 여자끼리 서로 물고 늘어질까? … 139
여자에게는 모든 것이 비교와 경쟁 대상이다
여자는 상대방을 끌어내림으로써 자신을 지킨다
'끝까지 모른다'고 잡아떼는 것만이 남자가 살아남는 길이다

여자는 왜 화장 상태 하나에 기분이 좌우될까? … 143
화장은 수컷을 유혹하기 위한 전략?
남자는 화장의 작은 차이를 구별하지 못한다

편하게 대했을 뿐인데 왜 성희롱이라는 오해를 받는 것일까? … 147
뇌의 감도 차이에서 비롯된 오해
인기 있는 남자는 성희롱에 휘말리지 않는다
말하지 않으면 이해하지 못한다

여자는 왜 '착한 아이'가 되고 싶어 하는가? … 152
여자는 주위의 기대를 저버리지 못한다
피로가 쌓이기 쉬운 E형 행동유형
여자는 칭찬에 굶주려 있다

여자가 '나와 일 중에서 어느 쪽이 중요해?'라고 따지는 이유 … 158
일만 잘하면 되던 시대는 끝났다
한 가지 일에만 집중하는 남자와 동시에 여러 가지 일을 하는 여자
선택받고 싶다는 바람을 만족시켜준다

Chapter 05 / 남자가 알고 싶은 여자 대처법

여자는 왜 명품 가방을 갖고 싶어 하는가? … 167
남자에게는 귀찮기 이를 데 없다
여자의 뇌는 물질적 욕망이 강해지기 쉽다
명품을 좋아하는 진정한 이유
여자는 선물로 성장한다

여자는 왜 메뉴를 고르는 데 오래 걸릴까? … 175
'저게 좋아… 하지만 역시 이걸로 할래.'
여자는 '선택하기' 보다 '선택받고' 싶어 한다
여자는 사소한 것을 쌓아놓는다

여자는 왜 사소한 일로 속상해할까? … 181
여자는 스트레스를 쉽게 느낀다
여자의 스트레스 감지기는 민감하다
여자의 온갖 고민의 원인은 인간관계

여자들은 왜 화장실이나 탕비실에서 소곤거릴까? … 187
여자의 대화 방식
여자는 왜 친구와 같이 화장실에 가는 걸까?
여자들끼리는 텔레파시로 이어져 있다?

여자는 왜 파트너의 불륜을 알게 되면 무리 지어 반격할까? … 193
여자는 군중의 힘을 이용할 줄 안다
수용, 공감, 지지가 가장 중요하다

남자와 여자는 왜 서로를 이해하지 못하면서도 끌리는 것일까? … 198
동적인 행복과 정적인 행복
뇌가 바뀌면 성격과 행동도 바뀐다
남자와 여자는 변하기 때문에 흥미롭다

맺는 글 당신도 인기 있는 남자가 될 수 있다 … 204

Chapter 01

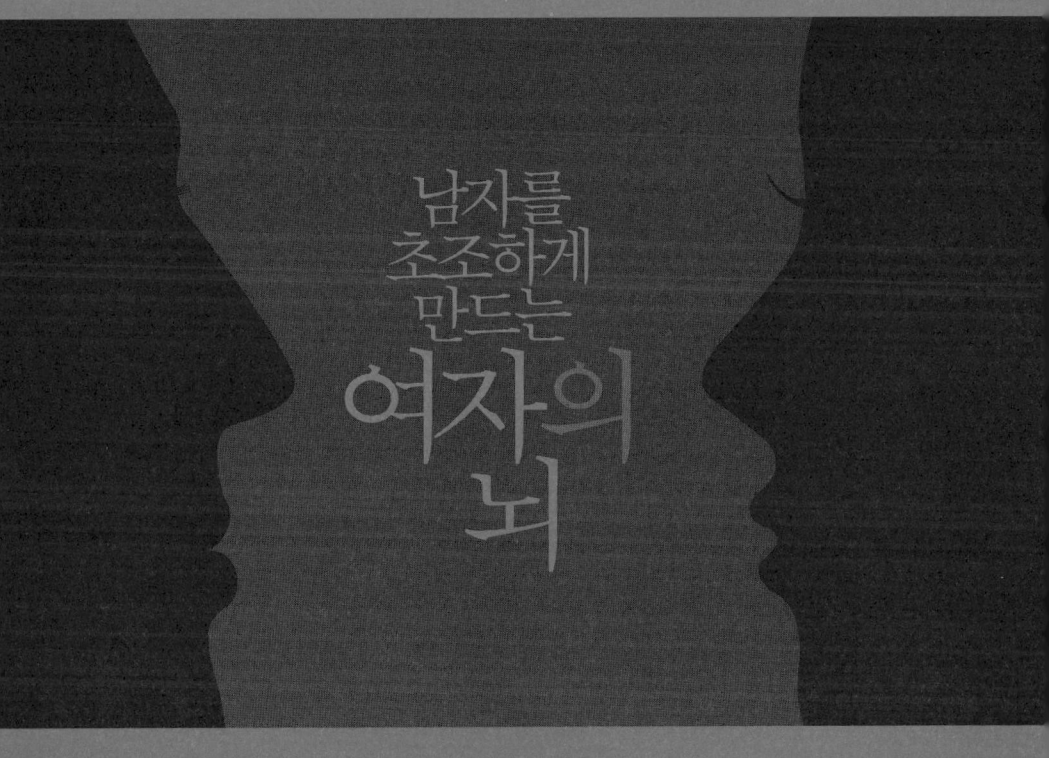

남자를 초조하게 만드는 여자의 뇌

여자는 왜 갑자기
화를 내거나
울음을 터뜨릴까?

갑자기 폭풍처럼

이 책을 위해 30대부터 50대까지 남성 100명에게 앙케트 조사를 실시했다.

"여자는 왜 ○○○인 거지?"에서 ○○○에 생각나는 말을 적어달라 했더니, '단연 '금방 감정적으로 된다' 는 대답이 1위였다. 참고로 2위는 '수다쟁이', 3위는 '제멋대로' 였다.

남성들의 대답 중 순위가 높은 '불만' 부터 그 이유를 설명하도록 하겠다.

'금방 감정적으로 된다' 는 대답이 1위가 된 것은 그만큼 많은 남자들이 직장이나 가정에서 여자의 이런 반응에 곤혹스러워하고 있다는 뜻일 것이다.

여자들은 대체로 감정 표현이 풍부하다. 갑자기 화를 낸다 싶다가 다음 순간 울음을 터뜨리기도 한다.

지금까지 아내나 여자 친구와 함께한 시간을 한번 떠올려보기 바란다.

아주 사소한 다툼이 감정적으로 격해져서 곤혹스러웠던 경험이 꽤 있을 것이다. 집에서라면 몰라도 길가나 전철 안, 레스토랑 등에서 화를 내거나 울음을 터뜨리면 정말 참을 수가 없다. 남자는 여자의 심한 감정의 기복을 이해하지 못하고 그저 쓴웃음을 지을 뿐이다.

아마 회사에서도 여자들의 감정적인 태도 때문에 마음을 졸인 적이 있을 것이다.

사람들은 보통 업무 회의나 거래 상담을 하는 자리에서는 불합리한 일이 있더라도 원만하게 마무리 짓기를 바란다. 그래서 남자 사원들은 대체로 불만과 분노를 꾹 눌러 참는다. 하지만 감정적이 된 여자 사원이 불만을 말이나 표정으로 표현하는 경우가 있다. 때로는 틀린 말을 한 것도 아닌데 무엇이 나쁘냐고 흥분하는 바람에 달래는 데 애를 먹기도 한다. 그 자리에서는 잘 참다가 회의가 끝나고 회의실 문을 나서는 순간 갑자기 분노를 터뜨리는 여자도 있다.

난처하게도 이런 감정의 '폭풍'은 예고도 없이 갑작스럽게 찾아오는 경우가 많다. 마치 날씨가 '맑음, 갑자기 광풍, 폭우'로 급변하듯이 감정이 급격하게 변하는 여자도 있다. 아마도 남자는 너무나 갑작스런 전개에 기가 막혀서 우산을 펼 여유조차 없을지도 모른다.

　아침에 출근했더니 옆자리 여자 사원의 책상이 깨끗이 치워져 있는 경험을 한 사람도 있을 것이다.

　이런 상황에 휘말린 남자가 하늘을 보며 '여자는 왜 이런 식이지?' 라고 외치는 심정을 이해 못하는 바는 아니다.

여자의 뇌는 감정통로가 넓다

어째서 여자는 이와 같이 금방 감정적이 되는 것일까?

　그 답은 역시 뇌 구조의 차이에서 찾을 수 있다.

　대뇌와 소뇌 사이에 있는 간뇌에는 '전교련' 이라고 좌뇌와 우뇌를 연결하는 연락회로가 있는데, 이것은 말하자면 '감정 연락통로' 인 셈이다. 주로 '좋아함·싫어함, 유쾌함·불쾌함, 분노, 공포' 등의 감정을 표정으로 바꿔준다.

　여자는 전교련이 남자보다 크다. 즉 여자의 뇌는 감정통로가 넓다는 의미이다. 통로가 넓으면 감정에 관한 정보를 한 번에 많이 전달할 수 있다. 그렇기 때문에 여자는 일반적으로 감정 표현이 풍부하고 정서적으로도 자상하다.

　많은 감정 정보를 다루는 만큼 감정을 과잉으로 전달해서 처리 능력이 쫓아가지 못하는 경우가 있다. 정보량이 적어도 정보의 일부를 증폭시켜서 좋고 싫은 감정을 부풀리거나 불안이나 분노, 슬픔 등의 감정을 과장하는 경우도 있다.

　다시 말해 남자가 볼 때는 잔잔한 작은 파도여도, 여자는 파도를 몇 배나 크게 만드는 경향이 있다. 그리고 그 과장된 감정의 파도를 남자를 향해 터뜨린다. 갑자기 몰아치는 커다란 파도를 뒤집어쓴 남자는 자신에게 무슨 일이 벌어졌는지도 모른 채 흠뻑 젖은 모습으로 어리둥절해한다.

그래서 남자들은 '여자는 작은 일에도 금방 감정적이 된다'고 생각하는 것이다.

'홍수'에 대한 대비는?

문제는 강한 비바람과 높은 파도로 인해 방파제가 무너졌을 때이다.

뇌에서 정보가 복잡하게 얽혀서 처리 능력의 한계를 초과하면 연결회로가 망가지면서 감정이 한꺼번에 넘쳐나게 된다. 그렇게 되면 여자는 강하게 솟구치는 감정을 스스로 제어하지 못하고 갑자기 이성을 잃고 분노를 터뜨리거나 옆에 있는 사람이 놀랄 만큼 큰 소리로 울음을 터뜨리기도 한다.

이와 같은 감정의 홍수에 휩쓸리면, 여자는 화를 내야 할지, 웃어야 할지 아니면 울어야 할지 스스로도 어느 감정을 선택해야 할지 모르게 된다. 이것은 일종의 패닉 상태라 할 수 있다. 눈앞에 있는 남자에게 불평을 하고 싶은 건지, 아니면 의지하고 싶은 건지 스스로도 모르는 것이다.

그러므로 아내나 여자 친구 혹은 여자 부하가 이런 상태일 때는 섣불리 자극하지 말고 그냥 내버려두는 편이 좋다.

여자가 두서없이 말을 잇달아 쏟아낼 때 당신이 불만을 표시하거나 화를 내면 그것은 불에 기름을 붓는 격이다. 그러면 여자는 더욱더 패닉 상태에 빠지게 된다.

이런 감정 폭발은 타인이 아닌 스스로에게 발산하는 것이다. 한동안 울고불고하다가 폭풍이 지나가면 눈물과 함께 스트레스 호르몬이 몸 밖으로 배출되어 감정이 안정된다. 그러니 섣불리 끼어들지 말고 "그래, 그래……" 하고 달래면서 그녀의 '1인극'이 끝날 때까지 먼빛으로 바라보는 것이 좋다.

그리고 적당히 봐서 '슬슬 진정될 것 같다' 싶을 때 "뭐 마실 거라도 줄까?" 하고 티 나지 않게 기분전환을 시켜주도록 한다.

참고로 음료를 권할 때는 코코아나 초콜릿음료와 같은 단 음료를 권하는 것이 좋다. 포도당은 신속하게 뇌에 흡수되어 뇌를 안정시켜준다. 또 우유는 흥분을 진정시켜주는 칼슘이 풍부하므로 꿀을 넣은 따뜻한 우유를 권하는 것도 도움이 된다. 꿀에 들어 있는 비타민B6는 감정을 조절하는 호르몬인 세로토닌의 분비를 촉진시킨다.

여자는 어떻게
카페에서 2시간이나
잡담을 나눌 수 있을까?

뇌의 '정보교류'의 차이

사람들은 흔히 여자의 뇌는 언어 능력이 뛰어나다고 말한다.

　이것은 남자가 주로 좌뇌를 사용하여 언어를 구사하는 데 비해, 여자는 말할 때 좌뇌와 우뇌 모두를 사용하기 때문이다. 남자의 뇌와 여자의 뇌의 가장 큰 차이점은 좌우 뇌를 연결하는 '뇌량'의 크기가 다르다는 것이다. 여자의 뇌는 이 연결통로가 남자보다 커서 좌뇌와 우뇌의 정보 교류가 신속하게 이루어지고 언어 정보를 비롯해 더 많은 정보를 전달할 수 있다. 즉 여자의 뇌는 언어를 막힘없이 능숙하게 구사할 수 있다.

　그래서 여자는 어린아이부터 노인까지 모두 말하는 것을 좋아한다. 유아기에 여자아이가 남자아이보다 언어 습득이 빠른 것도, 여자 중고생들 사이에서 휴대전화로 이모티콘을 사용한 문자메시지가 발달한 것도, 주부나 할머니들이 길가에 서서 끝없이 잡담을 나누는 것도 모두 언어 능력이 뛰어난 여자의 뇌가 만들어낸 것이라 할 수 있다.

이런 여자의 특성을 민폐라고 생각하는 사람도 많지 않을까 싶다. 여자의 수다는 남자를 완전히 지치게 한다.

옆에서 끼어들 틈도 주지 않고 연이어 이야기를 늘어놓는 여자를 보고 있으면 남자는 점점 참을성을 잃게 되고 맞장구치는 것조차 귀찮아진다. 아마도 여자 친구가 카페에서 2시간이고 3시간이고 멈추지 않고 이야기하는 것을 난감해하거나, 아내의 끊임없는 잔소리가 지긋지긋한 사람도 많을 것이다.

더구나 여자 목소리는 톤이 높아서 귀가 울린다. "여자 셋이 모이면 접시가 깨진다."는 말이 있듯이 여자들이 모이면 말이 많고 시끄럽다. 그래서 전철이나 카페 같은 곳에서 여고생이나 아줌마들이 모인 옆자리에 앉게 되는 날에는 남자뿐만 아니라 주위 여자들 역시 각오가 필요하다. 다른 사람들에게 불쾌감을 주고 있음에도 개의치 않고 시끄럽게 종알거리는 여자들을 보면 당장 다른 곳으로 자리를 옮기고 싶은 사람도 많을 것이다.

내 경우는 그들의 이야기에 조용히 귀를 기울인다.

여자의 뇌는 수다를 통해 쾌감을 느낀다

이것은 어쩔 수 없는 일이다. 남자들에게는 슬픈 일이지만 여자들은 수다를 멈출 수가 없다.

　남자와 여자가 '수다'에 두는 가치는 근본적으로 남녀의 뇌 구조에서부터 다르다. 언어 능력은 말할 것도 없고, 수다를 통해 얻고자 하는 것, 수다에 대한 욕구 등 모든 것에서 차원이 다르다고 할 수 있다. 남자의 뇌와 여자의 뇌가 이렇게까지 다르기 때문에 어쩔 수가 없다. 그래서 여자의 수다에 대해서는 남자가 포기하는 편이 낫다고 한다.

　그렇다 해도 남자 입장에서 보면 정말이지 쉽지 않고 계속 이야기를 하는데도 질리지 않는 여자들의 모습이 신기하게 여겨진다.

　게다가 그녀들의 대화를 잘 들어보면 대부분 대화 주제가 거창한 것도 아니다.

　"2반의 ○○는 △△를 좋아하는 것 같아."라든가, "4가에 새로 생긴 케이크 가게 있잖아, 맛있다고 소문이 자자해."라든가, "××소아과 의사선생님은 취미가 미니어처 수집인가 봐."와 같은 내용이다. 아마도 주위 '소문'이나 '정보 교환'이 80퍼센트를 차지하지 않을까 싶다.

　여자들은 어떻게 대수롭지 않은 주제를 가지고 몇 시간이고 대화를 이어갈 수 있는 것일까?

　여자의 뇌는 말하는 행위 자체에서 쾌감을 느끼기 때문이다. 말하는 내용은 별로 중요하지 않으며, 대화가 이렇다 할 결론에 도달하지 못해도 상관없다. 그렇기에 대화 주제가 끊임없이 바뀌고 수다는 그칠 줄 모르고 계속 이어지는 것이다.

이는 도파민이라는 호르몬과 관련이 있다. 도파민은 '쾌감호르몬'으로 불리기도 하는 신경전달물질이다. 축구에서 골을 넣었을 때의 희열이나 연인을 만날 때 설레는 흥분, 예기치 않게 깜짝 선물을 받았을 때의 기쁨도 도파민의 작용 때문이다.

다시 말해 여자들이 수다를 나누면 도파민이 활성화되어서 뇌가 쾌감을 느낀다는 뜻이다.

여자에게는 '수다=발산'을 의미한다. 적당한 이야기 상대를 찾은 다음 이야기를 시작하면 뇌 안에 도파민이 분비되고 '발산할 수 있어서 기쁘고 즐거운' 상태가 된다. 도파민은 대화 분위기가 고조될수록 활성화되며, 점점 쾌감이 커지면서 멈출 수 없는 상태가 된다.

이는 도박에서 이겼을 때 좀처럼 멈출 수 없는 것과 동일한 상황이라 할 수 있다. 즉 수다는 여자의 뇌에 점점 중독이 되는 마약과 같은 쾌감을 준다. 그래서 계속해서 멈추지 않고 이야기를 이어갈 수 있는 것이다.

여자의 수다는 필요악이다

여자가 수다를 멈추지 못하는 또 다른 이유가 있다.

여자는 남자보다 일상생활의 자잘한 일로 스트레스를 받기 쉬우며, 그런 여자들에게 수다는 쌓인 스트레스를 발산하는 수단이다.

앞에서 언급했듯이 여자는 전교련이라는 감정통로가 넓어서 불안, 슬픔 등의 감정을 증폭시키는 경향이 강하다. 이것은 스트레스에 대한 감지기가 민감하다는 의미이며, 그 탓에 여자는 종종 작은 스트레스에 예민하게 반응하거나 스트레스를 심각하게 받아들이기도 한다.

이는 뇌 안의 호르몬인 세로토닌과도 관련이 있다.

세로토닌은 정신을 안정시키거나 기분을 행복하게 만들어주는 작용을 한다. 그래서 세로토닌이 부족해지면 우울해지고 매사에 의욕이 없으며 쉽게 이성을 잃고 폭발하게 된다. 여자는 선천적으로 세로토닌이 남자보다 적을 뿐만 아니라 그 분비가 생리주기의 영향을 받기 때문에 불안정한 상태인 때가 많다. 이런 이유로 여자의 뇌는 보통 스트레스와 불안, 불평불만과 초조함 등을 잔뜩 안고 있다.

그런 마음속의 울적함을 개운하게 해소시켜주는 것이 수다이다.

여자가 '있잖아, 내 말 좀 들어봐' 하고 자신의 말을 들어주기를 바라는 것도, 사소한 일을 가지고 마치 큰일이라도 난 것처럼 주변 사람들에게 바로 전화를 거는 것도 모두 자신의 이야기를 털어놓고 싶어 좀이 쑤시기 때문이다. 수다로 도파민이 분비되면 머릿속에 있는 개운하지 못했던 기분이 해소되고, 그 쾌감으로 세로토닌 분비가 증대된다. 즉 세상 여자들은 평소에 부족한 세로토닌을 보충하기 위해서 수다로 도파민을 분비하도록 하여 균형을 맞추는 것이다.

다시 처음의 주제로 돌아가보자. 기본적으로 여자의 수다를 멈출 수는 없다.

여자의 뇌에 수다는 방어본능과 같다. 여자에게 말할 기회와 장소를 빼앗는다면 여자의 뇌에는 해소하지 못한 답답함이 쌓여 금방 우울증에 걸릴지도 모른다. 그리고 "누구도 내 이야기를 들어주지 않아!"라며 말할 기회를 빼앗긴 울분이 공격의 화살이 되어 당신을 향할 수도 있다.

그러므로 대수롭지 않은 이야기를 끝도 없이 늘어놓는 아내나 여자 친구가 아무리 성가시더라도 파트너의 뇌 건강을 위해서, 어느 정도는 참아주기 바란다.

여자들의 수다는 필요악이다. 적당히 맞장구 치고 가볍게 머리를 끄덕이면서 여자의 내면에 쌓인 답답함을 말끔히 해소시켜주는 편이 남자에게도 유익하다.

여자는 왜
'내 말을 들어주지
않는다'며 화를 낼까?

말하는 방식의 차이는 뇌의 차이

남녀 사이에 생기는 감정의 갈등은 대부분 대화의 마찰에서 시작된다.

남녀가 말하는 방식이 다른 것은 '뇌의 차이' 때문이다.

이번에는 남자와 여자의 말하는 방식이 다른 데 대해서 조금 자세히 다루어보도록 하겠다.

당신은 다음과 같은 대화를 듣고 짚이는 바가 없는가?

사귀기 시작한 지 6개월 된 남녀가 밤늦게 전화 통화하는 대화

♀ "여보세요, ○○니? 지금 통화 괜찮아?"

♂ "응, 괜찮아. 근데, 왠지 목소리에 기운이 없는 것 같다."

- ♀ "응, 조금 힘드네… 사실은 오늘 회사에서 이런 일이 있었거든."(자신의 고민을 장황하게 이야기한다)
- ♂ "그랬구나…. 하지만 그런 경우 문제를 처리하는 방법은 회사마다 달라서 말이지. 으음…. 만약 필요하다면 그 문제에 대해 잘 아는 사람을 소개해줄까? 그래, 그게 좋겠다."
- ♀ "아니, 그게 아니라… 난 그냥 내 이야기를 들어줬으면 했을 뿐이야."
- ♂ "하지만 그래서는 아무것도 해결되지 않잖아? 분명히 그 사람은 너에게 도움이 될 거야."
- ♀ "상관없어. 그런 거 해결하지 않아도."
- ♂ "뭐야? 사람이 걱정돼서 충고를 해주는데 무슨 말이 그래?"
- ♀ "○○는 그렇게 말하면서 늘 내 말을 들어주지 않잖아.. 항상 그래. 내 마음 같은 건 전혀 이해해주지 않는다니까…"
- ♂ "제대로 듣고 있잖아. 그런데 왜 나한테 화를 내는 거야?"
- ♀ "됐어."(달칵)

이 대화에서 여자는 단순히 남자 친구가 자신의 이야기를 들어주기를 바라고 있다.

다시 말해 여자는 단지 자기 이야기를 끝까지 들어주기를 원할 뿐이지 그 이상을 바라는 것이 아니다. 그럼에도 남자는 여자의 마음을 읽지 못하고 조언이나 해결책을 제시하려 든다. 결국에는 말과 생각의 차이로 인해 도리어 일이 더 복잡해진다. 분명히 남자들

중에는 여자에게 '당신은 내 말을 전혀 듣고 있지 않아.' 라는 말을 귀에 못이 박히도록 듣는 사람도 꽤 있으리라 생각한다.

이쪽에서는 친절하게 건설적인 조언을 해주는데, 상대는 언제나 이처럼 이성적이지 못한 반응을 보이니 남자 입장에서는 가만히 참고 있을 수 없을 것이다. 여자와 매번 이런 식으로 대화를 하다가 매번 똑같이 언쟁을 벌이는 사람도 있을 것이다.

남자와 여자가 대화에서 겪는 갈등을 해결할 방법은 없는 것일까?

여자가 원하는 것은 공감이다

여기서 잠깐 남녀 사이에 충돌과 오해가 발생하는 배경을 분석해 보기로 하자.

우선 남자와 여자는 대화에서 추구하는 바가 다르다. 여자의 뇌는 대화를 통해 '공감'을 얻기를 바라지만, 남자의 뇌는 대화에서 '해결'을 바란다.

애초에 여자의 뇌는 구조적으로 다른 사람과의 공감에 반응하기 쉽도록 되어 있다. 전교련이라는 감정통로가 크기 때문에 '다른 사람이 자신을 어떻게 보고 있는지' '다른 사람에게 자신을 어떻게 이해시킬지'에 대한 정보를 감지하는 능력이 뛰어나다. 여자가 남자에 비해 자신의 기분을 알아주기를 바라는 감정이 강한 것은 이 때문이다.

공감해주기를 바라는 욕구는 석기시대, 채집수렵 생활을 하던 시대부터 여자의 뇌에 입력되어 있는 본능이라 할 수 있다. 여기에는 다음과 같은 이유가 있다.

남자들이 사냥하러 집을 비우는 동안, 여자들은 집단으로 마을을 지키며 나무열매를 채집하면서 생활하였다. 여자들의 집단생활에서는 대화를 통해 동료들과의 관계를 발전시키고 결속력을 강화할 필요가 있었다. 그 시대에는 여자 혼자서 살 수도, 아이를 보살필 수도 없었기에 집단에서 따돌림을 당한다는 것은 죽음을 의미하기 때문이다. 그런 일을 당하지 않도록 나무열매를 따면서 동료와 대화를 통해 자신에 대한 평가와 집단 안에서의 위치를 확인할 필요가 있었다. 그러다 보니 대화를 나누면서 '상대방이 자신을 어떻게 보고 있는지' '어떻게 해야 상대방이 자신을 잘 이해해줄 것인지'를 재빠르게 알아차릴 수 있는 공감 능력을 몸에 익혀야만 했다.

즉 여자는 어떻게 해서든 상대방과의 관계성을 확인해야 했으며, 관계성을 확인하기 위해서는 상대방과 공감대를 형성하는 것이 가장 좋은 방법이었다. 여자는 단지 대화를 통해 공감대를 형성하고 걱정과 불안을 떨쳐버리고 싶을 뿐이기에, 공감대만 형성되면 대화에 결론이 나지 않더라도, 혹은 문제가 해결되지 않더라도 전혀 상관이 없다. 대부분의 남자들은 이해할 수 없는 일이겠지만, 여자는 이야기를 들어주고 자신의 기분을 이해해주면 그것으로 충분히 만족한다.

남자와의 대화에는 그럴듯한 이유가 필요하다

이에 반해 남자들은 대화를 통해 '결론'을 내리거나 문제를 '해결'하기를 원한다. 그리고 그것을 뒷받침할 '이유'가 없으면 납득하지 못한다.

남자가 '해결'과 '이유'를 중요하게 생각하는 것은 남성호르몬인 테스토스테론과 관계가 있다. 알기 쉽게 말해서 테스토스테론은 '다른 사람을 이기고 싶다'는 욕구를 부추기는 호르몬이다. 여자도 테스토스테론을 가지고 있지만 남자 쪽이 여자보다 10~20배가 더 많다. 남자가 여자보다 공격적인 성향이 강한 것도, 다른 사람에 대한 지배욕과 소유욕이 강한 것도 테스토스테론의 작용 때문이다. 남자는 성장함에 따라 상하관계가 엄격한 수직 사회에서 출세에 집착하게 된다. 말하자면 무리 지어서 사냥할 때 자신의 위치가 어딘지 신경 쓰고 조금이라도 더 두각을 나타내기 위해 노력을 기울인다는 의미다.

남자가 자신이 속한 집단에서 인정받기 위해서는 사냥 능력이 뛰어나다든지, 동료들에게 신뢰를 받는다든지, 경제력이 있다든지, 무엇이 되었든 특별한 조건이 반드시 필요하다. 남자는 자신이 이 조건들을 갖추고 있음을 다른 사람에게 인정받기 위해서 자존심을 걸고 자신의 의견을 피력한다. 이론적으로 상대방을 설득하려는 것이다. 정치가나 혁명가의 선동 연설이 그러하듯이 남자에게 '말하는 것'은 다른 사람을 설득하여 자신을 인정하게 만들기 위한 싸움이다. 다시 말해서 테스토스테론의 영향으로 '승부욕'이

표출된 것이라 할 수 있다.

그러므로 남자는 대화를 나눌 때 문제를 해결할 수 있는 납득할 만한 '이유'를 발견하지 못하면 쉽게 물러서지 않는다. 남자는 항상 대화를 나누면서 어떻게 논리적인 결론을 이끌어내고, 어떻게 상대방의 의견을 반박할지 고민한다. 그리고 자기 나름대로 논리적인 결론, 즉 '이유'를 찾으면 그 이유를 근거로 상대방을 설득하려 한다. 이때 그 이유가 정당한가 아닌가는 별로 중요하지 않다. 남자는 그럴듯한 이유를 발견하면 그것이 가장 훌륭한 해결 방법인 것 마냥 논리를 펼치면서 상대방을 억누르려고 한다. 이때 남자의 승부욕을 자극하는 것이 테스토스테론이다. 이렇게 말로 상대방을 이기고 싶어 하는 욕구는 엄격한 수직 사회에서 살아남기 위해 지니게 된 남자의 본능이라 할 수 있다.

여자가 '수평적인 관계에서 유대감'을 원하는 것과는 대조적으로 남자는 '수직적인 논리'를 표방한다. 남자와 여자의 생각이 이렇게 다르니 원만히 대화가 진행된다면 그것이 오히려 이상할 지경이다. 서로 '자신이 옳다'며 양보하지 않기 때문에 더욱 사정은 악화된다. 어찌 보면 남녀 사이에 오해와 충돌이 생기는 것은 당연하다.

맞장구만 잘 쳐도 대화가 달라진다

그러면 대화 방식이 다른 남자와 여자는 이 문제를 어떻게 극복해야 할까?

여기에서 중요한 것은 '이기고 싶어 하는 남자'가 '공감해주기를 바라는 여자'의 이야기를 어디까지 이해하고 받아들여줄 것인가 하는 점이다.

앞에서도 언급했지만, 적어도 남자가 돼서 '이유'도 없이 여자와 대화 나누는 것을 포기해서는 안 된다. 그렇지만 아무리 여자가 공감해주기만을 바란다 해도, 남자 입장에서는 기껏 조언을 해주고 알아듣게 이해시키려고 노력하는데 불쾌한 반응을 보이면 속상하다. 게다가 여자의 이야기를 귀 기울여 끝까지 듣는 것은 남자에게 대단히 힘겨운 일이다. 가령 어찌해서 여자를 납득시키는 데 성공했다 해도, 아마도 그때쯤이면 남자의 뇌는 기쁨을 느낄 여력도 없이 완전히 녹초가 되어 있을 것이다. 고생한 것에 비해 '성과'가 너무 적어서 허탈감만 남을 것이 틀림없다.

그러므로 이럴 때는 남자들에게 '한 귀로 듣고 한 귀로 흘려보내기 작전'을 권하는 바이다. 여자가 들어주기를 바라는 이야기는 '어차피 중요한 내용이 아니니까' 편하게 들으라는 의미다.

단, 한 귀로 듣고 한 귀로 흘려보내기에도 요령이 있다. 여자는 불평할 때 주어가 누구이고, 무엇에 대해 말하는지 알 수 없게 말을 하는 경향이 있다. 그런 경우 "도대체 당신이 하고 싶은 말이 뭐야?"라며 목소리를 높여서는 안 된다. 또 "그래서 하고 싶은 말이 뭐야?"라든가 "결국 이 말을 하려는 거 아냐?"와 같이 결론을 재촉하는 발언도 피하는 것이 바람직하다. 그래서? 그러니까? 결국은? 같은 말은 되도록이면 사용하지 말고 대화의 내용을 요약하고 싶은 충동이 일어도 꾹 참고 마이동풍의 자세를 유지하는 것이 중요하다. 대신에 '과연' '이해해' '그거 힘들었겠는걸'과 같은 공감해주는 말로 맞장구를 쳐주는 것이 좋다.

다시 말하지만 여자의 말을 진지하게 들을 필요가 없다. 여자에게 중요한 것은 말을 할 수 있는 기회가 주어졌다는 것이다. 그러므로 남자들은 맞장구치는 말과 표정을 연구하여 공감하는 모습을 보여주면 그것으로 충분하다. 이와 같은 '듣는 척하기 기술'을 익혀두면 여자의 말을 들을 때 남자의 정신적인 부담도 상당히 줄어들 것이라 생각한다. 점차 익숙해지면 여자의 말을 한쪽 귀로 듣고 한쪽 귀로 흘려보내는 음악처럼 즐기게 될 날이 올지도 모른다.

단 "나는 듣는 척하는 것도 어렵다." "내게는 그런 연기력이 없다."고 투덜거리는 사람도 있을 것이다. 하지만 '연기력'은 남성 사회에서 살아가기 위한 중요한 자질이다. 여자와의 대화는 그것을 연습할 수 있는 훌륭한 기회라고 생각하기 바란다.

지금은 어느 조직에나 구성원 중에 여자가 포함되어 있다. 그렇기 때문에 여자의 마음을 이해하지 못하면 조직에서, 나아가 사회에서 위로 올라가는 것은 불가능하다. 그것은 2005년 '고이즈미 극장(일본의 고이즈미 준이치로 전 총리가 미디어를 활용하여 자신의 이미지를 연출하고, 드라마 같은 극적인 정치를 펼쳐서 대중적인 관심을 불러일으킨 것을 뜻하는 신조어-옮긴이)'을 보면 알 수 있다. '연기력'은 결국 그 사람의 개성이 된다.

예전에 영화 〈쉘 위 댄스?(Shall We Dance?)〉를 홍보하려고 일본에 온 리처드 기어는 "부부 사이가 원만한 비결이 무엇이냐?"는 리포터의 질문에 "아내의 불평불만을 들어주는 것이다."라고 대답했다. 아마도 남녀의 대화 방식이 다르다는 사실을 정확히 이해했기에 가능한 대답이었을 것이다.

남자가 여자의 말에 끝까지 귀 기울이기 위해서는 어느 정도의 '체념'이 필요하다.

여자는 왜
억지를 부려가며
남자를 괴롭힐까?

여자의 변덕에는 이유가 있다

이번에는 여자가 '제멋대로 하는 행동'에 대해 분석해보려 한다.

　남성 100명에게 앙케트 조사한 내용을 보면 '자꾸 변덕을 부린다' '이기적이다' '욕심을 부린다' '요리조리 변명한다' '자신의 주장만 관철시키려 한다' 등 여자가 제멋대로 하는 행동에도 여러 가지가 있다. 이 중에서 먼저 생트집을 잡아서 일부러 남자를 난처하게 만드는 유형에 대해서 생각해보기로 하자.

　여자들은 두 볼을 부풀리며 토라지거나, 어린아이처럼 떼를 쓰기도 하며, 일부러 심술궂은 요구를 하기도 한다. 어쨌든 여자는 여러 가지 방법을 동원해서 남자를 난처하게 만든다.

　아마도 여자들이 제멋대로 하는 행동으로 인해 애를 먹고 있는 남자들이 적지 않을 것이다. 그런 변덕에 성실히 상대하면 남자는 이리저리 휘둘리다가 결국에는 몹시 피곤해지고 만다. 여자라는 존재는 남자를 가지고 놀게 만들어져 있는 것일까?

여자의 변덕 뒤에는 애정을 확인하고 싶은 마음이 숨겨져 있다.

여자는 사귀는 남자가 진심으로 자신만을 사랑하고 있는지, 이 사람을 선택해도 정말 괜찮은 것인지 늘 의심하고 불안해한다. 그래서 일부러 곤란에 빠뜨리고는 이 방법 저 방법을 써가며 애정을 확인하려 한다.

여자의 생식력은 '기간 한정'이다

여자가 이렇게 애정을 확인하는 작업을 하는 배경에는 여자로서의 '절정기'를 놓치면 안 된다는 본능적인 초조함이 있기 때문이다.

여자는 천성적으로 시간을 두고 천천히 남자를 고르고 싶어 한다. 남자는 '배출하는 성(性)'인데 반해 여자는 '수용하는 성'이다. 남자가 많은 정자를 배출하면 끝인 것과 달리, 여자는 보통 하나의 유전자밖에 선택할 수 없으며 임신이 되면 싫든 좋든 아이를 낳고 키우는 데 시간과 노력을 기울여야 한다. 그러므로 많은 후보자들 중에서 가장 우수한 유전자를 받아들이기 위해, 상대방의 유전자가 훌륭한지 아닌지 판단할 수 있는 많은 정보를 수집하여 비교 검토하고, 시간을 들여 신중하게 선택하고 싶어 한다.

그런데 여자가 남자의 유전자를 받아들일 수 있는 '기간'은 한정되어 있다. 조금 더 충분히 심사숙고하고 싶은 마음에 너무 오래 시간을 끌다보면 어느새 아름다움이 퇴색하거나, 혼기를 놓치기도 하고, 임신이 불가능한 나이가 될 수도 있다. 즉 여자는 기간이 한정된 생명체이다. 그냥 가만히 있다가는 여자로서의 '절정기'를 놓쳐버리게 된다.

그래서 여자는 더 나이가 들기 전에 빨리 짝지을 훌륭한 유전자를 골라야 한다. 시간을 들여 신중하게 선택하고 싶은 것이 솔직한 심정이지만, 현실적으로 그렇게 오랜 시간 기다릴 수는 없다. 여자는 그런 초조함과 불안을 해소하기 위해 변덕을 부리고 억지를 써서 남자를 곤란하게 만들어, 그 유전자를 얻는 것이 자신에게 최선인지 아닌지 판단하기 위해 관찰하는 것이다.

여자는 양면성을 가진 생명체이다

시간을 들여 신중하게 선택하고 싶지만 더 이상 기다릴 수 없는 상황에서 여자가 고민하는 것은 결코 드문 일이 아니다. 아니, 오히려 그것이 당연한 일이라 할 수 있다. 그리고 여기에는 수수께끼 같은 여자의 마음을 이해할 수 있는 중요한 열쇠가 숨겨져 있다.

그 키워드가 '양면성'이다. 하나의 마음에 상반되는 감정과 가치관이 맞서고 있는 것을 가리키는 말이다.

여자의 마음에는 상반된 두 감정이 이상할 정도로 위화감 없이 공존한다. '좋아하는데 싫다.' '사랑하는데 밉다.' '(섹스를) 허락하고 싶은데 허락하지 않는다.' '천사 같기도 하고 악녀 같기도 하다.' 마치 '지킬 박사와 하이드'처럼 여자 안에는 반대되는 두 감정이 자연스럽게 공존한다. 여자가 계속해서 마음을 바꾸고 고집을 부리거나, 남자를 잡고 휘둘러 혼란스럽게 하는 것도 이 양면적인 감정이 바탕에 깔려 있기 때문이라고 할 수 있다.

덧붙여 말하면 여자가 미니스커트를 입으면서 '보이면 안 된다'며 감추려는 행동도 '과시하고 싶다'는 마음과 '감추고 싶다'는 마음이 어떤 충돌도 없이 공존하고 있기 때문이다. '보이는 것이 신경 쓰이지만, 지금 과시하지 않으면 나중에 후회할지도 모른다.' '남자의 시선을 끌고 싶지만, 너무 민망하게 쳐다보는 것은 싫다.' 이처럼 서로 반대되는 감정이 작용하고 있다.

남자 입장에서는 이해하기 어려운 감정일 것이다. "보여주고 싶은 것인지, 보여주고 싶지 않은 것인지 행동을 확실히 해."라고 말하고 싶은 기분을 충분히 이해한다.

그러나 피부가 노출된 옷을 입으면서 한편으로는 보이면 안 된다며 조심하는 모순된 행동은 수컷의 마음을 사로잡는 힘이 된다. 유혹하고 있는 것인지, 거부하고 있는 것인지 분간하기 어려운 행동은 어지를 더욱 신비롭게 느껴지게 만든다.

여자의 이러한 '불가사의함'이 남자의 눈에는 매력적으로 보이는 것이다. 여자의 종잡을 수 없는 변덕도 미니스커트도 모두 남자를 선별하거나 유혹하기 위한 전략이다. 어쩌면 남자는 처음부터 여자의 양면성에 휘둘리게 되어 있는지도 모른다.

그렇게 생각하면 여자의 변덕이나 제멋대로인 행동이 조금은 달리 보이지 않는가.

여자는 왜
남자의 꿈과 로망을
이해하지 못할까?

꿈을 쫓는 남자, 현실에 묶인 여자

♂ "있잖아, 나한테는 오래 전부터 몰래 계획했던 꿈이 있어. 지금은 이렇게 살고 있지만 2, 3년 뒤에는 꼭 이루고 말거야."

♀ "흐음, 그래서?"

♂ "그러니까 지금은 요 모양이지만 그건 잠시일 뿐이고…."

♀ "참, 여보, 그것보다 오늘 저녁 반찬은 꽁치 어때?"

♂ "……"

어디서나 있을 법한 남녀의 대화이다. 그러면 이것을 수렵채집 생활을 하던 시대의 대화로 바꿔보자.

♂ "있잖아, 나는 이번에 저 커다란 순록을 잡을 생각이야. 지금은 이러고 있지만 2, 3일 안에 꼭 잡아 보이겠어."

♀ "흐음, 그래서?"

♂ "그러니까 지금은 그 준비를 하고 있는 셈이지…."

♀ "그런데 여보, 오늘 끼니는 어떡할 거야? 이제 먹을 거라고는 나무열매밖에 없는데."

♂ "……"

이와 같이 한창 열띤 어조로 미래의 꿈과 이상을 말하고 있는데 여자가 갑자기 현실적인 이야기로 대화를 돌리면 남자는 아마도 의기소침해져서 바람 빠진 풍선처럼 시들해진 느낌이 들 것이다. 어느 시대든 남자는 이상을 추구하고 여자는 현실에 매여 있다. 여자는 남자의 꿈과 로망을 이해는 하지만 받아들이기는 힘들다.

여자는 눈앞의 것만 보려 한다

그렇다 해도 여자는 왜 현실적인 것을 우선으로 생각하는 것일까?

여자는 무엇보다 출산·양육을 담당하기 때문이다.

아이를 돌보는 여자는 항상 눈앞의 현실을 냉정하게 바라봐야 한다. 아이의 상태를 언제나 주의 깊게 관찰해야 하고, 아이를 굶기는 일이 없도록 언제나 식량을 걱정해야 한다. 굶주림에서 벗어나기 위해서는 언제 잡힐지 모르는 사냥감을 막연히 기다리기보다 눈앞에 있는 나무열매를 직접 따는 편이 빠르다. 남자가 말하는 꿈이 아무리 매력적이라 해도 꿈이 밥을 먹여주는 것도 아니고, 아이를 키워주는 것도 아니다. 여자 입장에서는 언제 실현될지 알 수 없는 말보다, '지금'이라는 현실을 어떻게 보낼지가 훨씬 중요하다.

그러므로 여자는 1년 뒤에 1000만 원을 주겠다는 약속보다 오늘 10만 원을 받는 편이 더 기쁘다.

여자의 뇌는 원래 '지금, 눈앞의 것'에 관심을 기울이게 설정되어 있다. 사소한 것을 잘 기억하거나, 남자보다 사람들을 잘 배려하는 것도 모두 이 때문이다. 특히 나무에 달린 열매처럼 바로 도움이 될 만한 이익이 눈앞에 있으면 그 능력이 유감없이 발휘된다. 가령 나무열매를 따는 것과 같은 단순한 일이라 할지라도 지루해 하지 않고 부지런히 작업에 몰두한다.

그러나 여자는 당장 자신에게 어떤 이익이 있는지 확실히 보이지 않으면 좀처럼 움직이려 하지 않는다. '도대체 그것이 무슨 도움이 되는데?'라고 생각하기 때문이다. 회사에서 일할 때도 여사원들은 반경 3미터 이내밖에 보이지 않는 것처럼 행동한다. 게다가 자신의 눈으로 보고 납득한 것만 인정하려는 경향이 있다. 보이는 범위 안에 맛있는 나무열매가 없으면 '기대감 호르몬'인 도파민이 거의 분비되지 않는다.

그에 비해서 남자는 가난하더라도 꿈과 로망이 있으면 살아갈 수 있는 동물이다. '지금'이라는 현실에서 보답 받지 못해도 '내일은 산 너머에 가서 커다란 사냥감을 잡겠다.'는 희망과 계획이 있으면, 불확실한 미래를 상상하는 것만으로도 '기대감 호르몬'인 도파민이 활성화된다. 그래서 여자들은 집을 화려하게 꾸미지만, 남자는 비바람을 피할 수 있는 정도면 충분하다고 생각하는 듯하다.

여자는 남자의 계획을 물거품으로 만든다

눈앞에 있는 것밖에 보지 못하는 뇌는 자주 여자를 즉흥적인 행동으로 몰아간다.

여자는 즉흥적으로 행동하는 성향이 매우 강하다. 그리고 남자는 그런 여자의 행동에 휘둘리고 시달리느라 정신이 없다.

남자들은 다음과 같은 경험을 한 적이 있을 것이다.

명절연휴에 가족과 함께 고향에 내려갈 계획을 세운다고 가정해 보자. 교통수단은 자가용. 당신은 고속도로가 막히기 시작할 시간과 중간에 식사하러 들를 휴게소, 도착 시간 등을 모두 예상해서 완벽하게 계획을 짰다. 그런데 당일 아침 아내가 갑자기 "맞다! 선물 사야 하니까 가는 길에 백화점에 좀 데려다 줘."라고 말한다. 당신에게는 계획에 없던 돌발적인 상황이지만, 아내에게는 자연스러운 일이다. 시간을 석성하면서 마지못해 백화점에 들르는 당신. 이미 당신의 계획은 틀어지고, 고속도로 정체에 딱 걸리게 된다. 당신은 불만스런 표정을 짓고 있지만, 아내는 무엇이 잘못됐는지 모르겠다는 표정이다. 그러다 고속도로 정체로 차가 거북이걸음을 하고 있자 한다는 소리가 "이렇게 길이 막히는데 왜 좀 더 일찍 출발하지 않은 거야?"란다. 그 소리를 듣는 순간 "당신 때문이잖아!"라고 노성을 터뜨리게 된다. 결국 즐거워야 할 귀향길이 엉망이 되고 만다.

이렇게 여자는 종종 남자의 계획을 망쳐놓는다.

남자는 사냥 계획이든, 데이트 계획이든 '먼저 저거 하고, 다음에 이거 하고, 그 뒤에는 이렇게 해야지' 라며 스케줄을 시간별로 짠다. 하지만 현실적인 발상을 하는 여자는 남자가 계획에 쏟는 정성을 이해하지 못한다. 언제나 순진한 한마디, 혹은 예상치 못한 행동으로 남자의 꿈을 산산조각 내버린다.

여자가 자주 즉흥적이고 충동적인 행동을 하는 이유는 전체를 내다보는 계획보다 눈앞의 사태에 대처하는 것을 우선으로 생각하기 때문이다. 이는 거의 '내가 지금 그렇게 하고 싶어서 했을 뿐인데 뭐가 문제야?' 라고 생각하는 것과 같다. 예를 들어 이미 진행 중인 업무라 할지라도 즉흥적으로 좋은 아이디어가 떠오르면 그것을 말하지 않고는 못 견딘다. 집안일이 바빠 서둘러 돌아가야 할 형편이어도 마음에 드는 가게를 발견하면 눈으로 직접 확인하지 않고는 직성이 풀리지 않는다. 근처에 발생한 화재현장이든, 친구의 불륜현장이든 조금이라도 흥미로운 정보가 눈앞에 있으면 참견하고 싶은 충동을 억제하지 못한다.

여자가 개입해서 참견하고 싶은 일은 그때그때 기분과 변덕에 따라 다르다. 그것이 무엇이 되었든 그녀의 고집 앞에서는 계획이고 뭐고 아무 소용이 없다. 그러므로 머릿속으로 꼼꼼하게 계획을 세웠던 남자는 생각대로 일이 진행되지 않으면 자신의 중요한 계획이 모두 엉망이 된 듯한 기분에 빠진다. 그러나 그것을 여자에게 설명해보았자 무의미하다는 것을 알기에, 엉망이 된 계획을 복구할 생각도 않고 뚱하니 입을 다물고 있는다. 이때 여자는 남자가 불쾌해진 이유를 알지 못한다. 아마도 자신의 행동이 남자의 계획을 망쳤다는 사실조차 짐작하지 못할 것이다. 여자가 그런 행동을 하는 것은 특별히 악의가 있어서 그런 것이 아니다. 단순히 눈앞의 것밖에 못 보기 때문에 생기는 일이다.

결국 남자는 '여자는 왜 언제나 이 모양이지?' 라며 울분을 터뜨리고, 여자는 '이 사람이 왜 이렇게 부루퉁해 있지?' 라며 불만을 품게 된다.

남자와 여자는 서로 바라보는 관점이 너무 다르다.

남자에게는 바른 길을 고르는 뛰어난 능력이 있다

그러면 도대체 어떻게 해야 남녀가 가지고 있는 세계관의 차이를 메울 수 있을까?

서로 양보하는 수밖에 없다.

대체로 남자는 상기석인 전망을 근거로 일을 계획하거나, 장래의 이익을 예측하고 준비하는 데 능숙하다. 하지만 현실을 정확히 파악하는 데는 서툴러서 현실을 외면하려 한다. '숲' 을 너무 의식한 나머지 눈앞의 '나무' 를 보지 못한다.

여자는 일반적으로 현재 자신이 볼 수 있는 범위 안에서는 세부적인 사항까지 꼼꼼히 파악할 줄 알고, 눈앞의 이익을 활용하는 데 능숙하다. 하지만 상황을 장기적·전체적으로 파악하는 데 서툴고 종종 확실한 계획 없이 행동한다. 눈앞의 '나무'만 보다 보니 '숲'을 보지 못하는 것이다.

그러므로 남자와 여자는 각자의 장점과 단점을 인정하고 서로의 장점을 살리는 것이 최선의 방법이다. 예를 들면 남자는 장기적인 비전이 있는 계획을 세우고, 여자는 구체적인 부분을 준비하는 것이다. 그렇게 각자의 능력을 발휘하여 서로 부족한 점을 보완한다면 꿈과 계획을 실현할 가능성이 더 높아질 것이다.

어느 쪽 길로 가야 할지 망설일 때는 남자가 길을 고르는 능력이 뛰어나므로 남자에게 맡기는 편이 낫다.

공간 파악 능력이 뛰어난 남자의 뇌는 방향을 정확히 볼 줄 알고, 선택한 길을 향해 나아가는 결단력이 뛰어나다. 한편 여자의 뇌는 눈앞의 것에 얽매여서 앞으로 나아가는 것을 주저하고, 길이 어디로 이어지는지 예측하지 못한다.

특히 갈림길에 서 있는 경우 여자는 어느 하나의 길을 선택하지 못한다. 원래 욕심이 많아서 '다른 길'을 포기하지 못하기 때문에 어느 쪽으로 가는 것이 좋을지 쉽게 결정하지 못한다. 그래서 결단력이 부족한 여자의 뇌에는 남자의 결단력 있는 행동이 매우 매력적으로 보인다.

남자가 나아갈 길을 결정하고 좋은 방향으로 이끌어준다면 여자는 크게 안심한다.

이 때문에 결단력 있는 남자는 여자에게 인기가 좋은 반면, 장래를 고민하지 않고 즉흥적인 삶을 사는 남자는 여자들에게 외면당

한다.

　누가 뭐라 해도 여자는 내심 우유부단한 자신을 이끌어줄 존재를 원한다. 그러니 만약 여자가 어느 길로 가야 할지 몰라 고민하고 있다면 남자는 뇌의 능력을 멋지게 발휘하여 나아갈 방향을 확실히 알려주는 것이 좋다.

　한 가지 조언을 덧붙이자면 그 길을 선택했을 때 얻을 수 있는 나무열매, 즉 눈앞의 이익을 여자에게 알려주도록 하라. 여자는 보이는 곳에 이점이 있으면 훨씬 안심하고 그 길을 따라 나아갈 수 있다.

Chapter 02

여자는 어떻게
남자의 외도를
정확히 알아차릴까?

여자에게는 직감이 있다

여자는 사소한 일을 잘 알아차린다.

이것은 여자의 뇌가 오감을 통해 더 많은 정보를 입력할 수 있기 때문이다. 좌뇌와 우뇌의 연결통로인 뇌량이 남자보다 두꺼워서 관찰과 통찰에 필요한 오감의 정보를 더 많이 전달할 수 있다.

그래서 여자는 남자가 알아차리지 못하는 소소한 부분에 주의를 기울이고 적절한 배려와 관심을 보여준다. 그리고 분위기가 달라지는 것을 민감하게 느낄 수 있으며, 다른 사람의 말이나 표정에 나타나는 미묘한 차이를 면밀히 파악할 수 있다.

그런데 남자는 여자의 이러한 능력을 만만하게 보는 경향이 있는 듯하다.

예를 들어 남자의 외도가 그렇다.

당신이 아내 몰래 다른 여자와 바람을 피웠다고 가정해보자. 당연히 아내에게 들키지 않도록 용의주도하게 은폐 공작을 펼칠 것이다. 귀가가 늦어진 변명거리를 생각하고, 옷매무새 중 어디 흐트러진 부분이 없는지 구석구석 확인한 뒤 아내에게 줄 선물을 준비한 다음 '이 정도면 들키지 않겠지.' 하고 안심할지도 모른다.

그러나 현관문을 연 순간 당신의 노력은 십중팔구 아무 소용이 없어질 것이다.

아내는 집에 들어온 당신을 보고 금방 평소와 뭔가가 다르다는 것을 느낄 것이다. 당신이 풍기는 전체적인 분위기, 당신의 말에서 느껴지는 미묘한 뉘앙스, 살짝 경련을 일으키는 눈 밑 근육, 선물을 사온 보기 드문 행동. 평소와 다르다는 의심은 바로 '응? 무언가 이상하네. 설마 다른 여자랑 바람피우는 거 아냐?' 라는 결론에 도달한다.

다시 말해 아내는 모든 것을 꿰뚫어 보고 있다는 뜻이다.

사람들이 '여자의 감은 날카롭다' 는 말을 자주 하는데, 이것은 여자의 뇌가 많은 정보량을 처리할 수 있어서 평소와 다른 점을 금방 알 수 있기 때문이다. 여자는 남자가 두려워할 만한 고성능 '감지기' 를 탑재하고 있다. 그중에서도 남자의 바람기를 알아차리는 능력은 여자의 뇌가 가진 특수 기능이라 해도 좋을 것이다. 그러니까 어떻게 대충 얼버무려서 아내에게 맞서보겠다고 계획을 세워도 당하기 십상이다.

그 정도를 가지고 놀라서는 안 된다. 당신을 더욱 공포에 떨게 할 또 다른 사실이 한 가지 더 있다.

여자는 사실 당신이 느끼지 못하는 '냄새'를 맡을 수 있다.

스웨덴의 카롤린 연구소에서 실시한 남자와 여자의 페로몬에 관한 실험에서 여자가 분비하는 어떤 종류의 페로몬은 여자만 느낄 수 있다는 사실이 밝혀졌다. 즉 바람피운 상대 여자가 당신에게 남긴 페로몬을 당신은 느끼지 못하지만, 당신의 아내는 바로 구분할 수 있다는 말이다. 여자는 다른 여자의 냄새를 인식할 수 있는 무서운 탐지 능력을 가지고 있다.

이 연구에서 남자가 분비하는 페로몬 중에서 남자만 느낄 수 있는 페로몬이 있다는 사실도 함께 밝혀졌다. 그러므로 만약 아내가 불륜을 저지른다면 당신은 그 배후에 있는 '남자의 냄새'를 느낄 수 있을 것이다. 하지만 탐지 능력이 빈약한 남자의 뇌는 다른 남자의 냄새를 인식하더라도 그다지 큰 의미를 부여하지 않을지도 모른다. 아마 '설마, 내 아내가 그럴 리가.'라며 자신의 의심을 부정할 것이다.

그 정도로 남자와 여자의 육감에는 차이가 있다.

여자는 '그냥 왠지…'라는 말로 모든 것을 설명한다

여자가 가지고 있는 탐지 능력은 남자가 상상할 수 있는 범위를 훨씬 초월한다.

탐지 능력의 적용 범위가 특별히 남편의 불륜을 알아차리는 것에만 국한된 것은 아니다. 여자의 레이더 탐지기로 감지할 수 있는 영역은 남자가 알지 못하는 세계에까지 이른다. 흔히 여자는 '육감'이나 '영감'이 뛰어나다는 말을 많이 한다. 그리고 무당이나 주술사, 점쟁이도 대부분 여자들이다. 그것은 아마도 여자의 뇌가 공감 능력이 뛰어나고, 지나치다 싶게 민감한 탐지 능력을 가지고 있기 때문일 것이다.

그러나 이상하게도 여자는 레이더 탐지기가 감지한 것을 논리적인 '말'로 표현하는 능력은 갖고 있지 못하다.

당신은 아내, 혹은 여자 친구와 다음과 같은 대화를 나눈 경험이 있지 않은가?

♂ "이번에 부탁받은 일 말이야, 처음 들어보는 업자인데 경력이 매우 뛰어나. 내 입장에서 보면 큰 모험이지만 한번 해볼까 해. 네 생각은 어때?"

♀ "음……. 그만두는 게 낫지 않아?"

♂ "응? 왜?"

♀ "그냥 왠지, 그런 생각이 들어……."

♂ "그냥 왠지라니, 무슨 말이 그래? 그렇게 생각한 이유를 말해, 이유를!"

♀ "그러니까 그냥 왠지 그런 생각이 든다니까! 당신은 속기 쉬운 사람이니까 왠지 그런 생각이 들었을 뿐이야."

♂ "그렇게 말하면 내가 납득할 수가 없잖아. 하여튼 여자들이

란!"
♀ "여자가 뭐 어때서!"

아무튼 여자는 '그냥 왠지…'라는 말로 모든 것을 설명하려는 경향이 있다.

아마도 여자는 뛰어난 직감과 탐지 능력으로 '위험한 냄새'를 감지했을 것이다. 그동안 보아온 남자의 실패 경험과 새로운 업자라는 정보를 종합적으로 분석하여 '그만두는 편이 낫다'라는 결론을 얻었을지도 모른다. 하지만 여자는 뇌에 훌륭한 정보 감지 능력은 있지만, 안타깝게도 그것을 이론적으로 설명할 능력은 갖추지 못했다. 자신은 알고 있지만 그것을 설명할 적당한 말을 찾지 못해서 '그냥 왠지…'라는 말로 모든 것을 뭉뚱그려 표현하려 한다.

만약 여자끼리 나누는 대화라면 신기하게도 "왠지 그렇지 않아?" "맞아, 맞아. 왠지 그런 느낌이 들어."와 같은 식으로 아무런 문제없이 서로 대화를 주고받는다. 남자가 듣기에는 무슨 말인지 도통 종잡을 수 없는 대화지만, 여자끼리는 이런 식의 대화로 미묘한 느낌의 차이를 전달할 수 있다. 이것은 말하자면 상대방이 이해할 테니까 굳이 표현하지 않아도 괜찮다는 발상이다. 그래서 여자는 근본적으로 '이유'나 '근거'를 설명할 필요성을 별로 느끼지 못한다.

그러나 남자들은 모든 것을 '그냥 왠지…'라는 말로 얼버무리듯 말하는 것을 참을 수 없어 한다.

앞에서도 언급했듯이 남자는 무슨 일에든 '이유'를 추구한다. 언제든지 논리적으로 해결하고자 하는 욕구가 강하고 '왜 그런지', '어떻게 된 일인지' 그 이유를 듣지 않고는 쉽게 물러서지 않는다. 이 상태로는 남자와 여자의 대화가 원활하게 이루어지지 못할 것이다.

여자는 '그냥 왠지…'란 말로 대답할 것이 아니라 남자가 이해할 수 있도록 이유를 설명하는 노력이 필요하다. 그렇지만 무엇보다 좋은 해결 방법은 남자 쪽에서 여자의 '육감'을 존중해주는 것이다. 여자가 '그냥 왠지…'라고 말하는 배경에는 제법 예리한 직감과 분석이 작용한다. 어쩌면 남자는 느끼지 못한 귀중한 정보를 감지했을지도 모른다.

남자는 여자의 논리적이지 못한 설명을 답답해할 것이 아니라 여자의 정보 수집 능력이 자신에게 도움이 될 수 있다는 사실을 알아야 한다. 분명히 먼 훗날 여러 상황에서 도움 받는 일이 생길 것이다. 만약 여자가 '그냥 왠지…'라며 말한 의견을 만만하게 보고 무시하면 나중에 '그때 여자 친구의 말을 들었더라면 좋았을 것을…' 하고 후회하는 일이 종종 발생할 것이다. 남자들은 자신을 위해서라도 여자의 뛰어난 육감을 효과적으로 활용하는 것이 좋다.

여자는 왜
인정받지
못하는 사랑을
동경할까?

연애를 하면 뇌가 활성화된다

애초에 남자와 여자의 연애 기본인 밀고 당기기는 머리를 써야 하는 일이지만, 사랑을 성공시키기 위해서 다양한 호르몬이 동원되고 뇌의 능력을 한층 더 끌어올리게 한다. 그래서 뇌는 더욱 활발해진다. 여러 호르몬 중에서 무엇보다 큰 역할을 하는 것이 도파민이다.

도파민은 앞에서 이야기한 바와 같이 뇌에 쾌감과 의욕을 불러일으키는 작용을 한다. 사랑에 빠지면 도파민이 크게 활성화된다. 연인과 닿으면 두근거리며 가슴이 설레는 것도 도파민의 영향 때문이다.

뇌신경세포에는 '가소성(plasticity)'이라는 성질이 있다. 이것은 새로운 자극이 더해지면 뇌가 신경회로를 재구성하는 능력이다.

도파민에 의한 '두근거림'은 뇌의 가소성을 자극하여 뇌 회로를 긍정적으로 성장하게 하는 힘을 촉진시킨다. 즉 사랑을 하면 뇌 회로가 긍정적으로 성장하게 되고, 의욕이 강해지며 무슨 일이든 긍정적으로 생각하고 행동하게 된다는 뜻이다. 흔히 '여자는 사랑하면 예뻐진다'는 말을 한다. 사랑을 하면 도파민이나 에스트로겐과 같은 여러 호르몬이 여자의 뇌를 자극하여 몸과 마음이 아름답게 빛나도록 도와주기 때문이다. 최근에는 소리 내어 읽거나 간단한 숫자 계산으로 뇌를 활성화시키는 것이 유행이나, 그런 방법보다 누군가를 사랑하는 것이 뇌를 더 효과적으로 활성화시킨다. 뇌에 활력을 불어넣고 싶다면 여자든 남자든 가까운 곳에서 새로운 사랑을 찾아보는 것이 좋다.

여자는 사랑에 목숨을 걸 수 있다

도파민은 무조건 많이 분비된다고 해서 좋은 것이 아니다.

도파민이 지나치게 과다 분비되면 여러 가지 나쁜 영향을 미친다. 환각이나 망상은 도파민이 과다 분비되어 뇌의 다른 회로가 작동해서 일어나는 현상이다.

게다가 도파민이 계속 분비되면 감수성이 점점 무뎌져서 동일한 쾌감을 얻기 위해 더 많은 도파민을 필요로 하게 되고, 이것은 중독이 될 위험 소지가 있다. 쇼핑의존증이 좋은 예이다. 이것은 연애에도 해당된다.

여자는 특히 어딘가에 빠져들기 쉽다.

어찌되었든 여자는 사랑에 목숨을 걸 수 있는 존재이다.

어느 시대에나 사람이 몸과 마음을 다해 자기 존재를 위험에 빠뜨리면서까지 추구하는 것이 있다. 남자는 일, 돈, 그리고 여자이다. 여자는 연애가 그렇다. 여자는 일단 사랑에 빠지면 사랑이 전부가 되고 다른 것은 어찌되든 상관없다고 생각한다. 장애가 있으면 있을수록 더욱 열정적으로 사랑이 불타오르는 성향이 있다. 한눈팔지 않고 도파민을 전부 쏟아부어 사랑에 올인 하는 것이다.

갖고 싶지만 좀처럼 소유하지 못하는 상황이 계속되면 스트레스와 욕구불만이 쌓이고, 분노, 불안과 관계가 있는 노르아드레날린과 아드레날린이 분비된다. 그러면 이 호르몬의 영향으로 말초 혈액순환에 장애가 발생하고, 안색이 나빠지거나 눈 밑에 다크서클이 생긴다. 너무 외곬으로 생각하는 것은 오히려 몸과 마음을 지치게 하고 소위 말하는 '상사병'에 걸리게 된다.

도파민을 비롯해 연애 감정과 관련이 있는 호르몬은 '마약'처럼 사람을 중독시키는 힘이 있다. 사랑이란 좀처럼 손에 넣기 어려워야 더욱 필사적이 되는 법이다. 장애물이 높으면 높을수록 욕구는 한층 더 강해지며, 욕구가 충족되었을 때 커다란 쾌감을 얻는다. 그 큰 쾌감을 한 번 느끼면 뇌는 잊고 싶어도 어지간해서는 잊지 못한다. 그래서 더 강한 쾌감을 찾게 되고, 어느 사이에 그 욕망에 사로잡히게 된다. 그렇게 되면 더 이상 주위 상황이 눈에 들어오지 않고, 친구의 충고도 귀에 들어오지 않는다. 불륜과 같은 인정받지 못하는 사랑에 더욱 감정이 불타오르는 것은 그 때문이다.

'간접 연애'로 뇌가 활성화된다

여자들은 인정받지 못하는 사랑을 은근히 동경한다. 운명의 장난으로 두 사람은 서로에게 마음을 빼앗겼지만 좀처럼 결실을 맺지 못하는 사랑. 여자들은 언젠가 그런 사랑이 자신에게 찾아오기를 무의식중에 바란다. 인생을 건 애타는 사랑을 해보고 싶다는 허황된 바람을 너무도 진지하게 가슴에 품고 있다.

애타는 사랑? 인생을 건 로맨스? 남자는 비극의 주인공이 되고 싶어 하는 여자의 마음에 코웃음을 칠지도 모르겠다. 그런 허황된 이야기에 감정이입을 한다 한들 그것이 현실화될 가능성은 거의 없다. 그 사실은 여자 역시 잘 알고 있다.

그렇지만 여자 친구나 아내가 갈망하는 '소설 같은 이야기'를 부정하거나 무시해서는 안 된다.

왜냐하면 여자들은 가상의 이야기를 상상하는 것만으로도 충분히 뇌가 활성화되기 때문이나. 소설이나 영화, 텔레비전 드라마에 나오는 러브스토리에 감정이입하는 것만으로도 도파민이 분비된다. 아내나 여자 친구가 실제로 불륜이나 바람을 피운다면 큰일이지만, 가상의 이야기가 뇌에 활력을 불어넣어 준다면 남자에게는 오히려 좋은 일이 아닐까 싶다.

'간접 연애'는 여자들의 여러 호르몬을 활성화시키며, 눈을 반짝이게 하고 피부와 머릿결에 생기와 윤기를 불어넣어 준다. 뇌의

마음의 변화에 영향을 주는 주요 신경전달물질

물질명	작용	마음의 상태
도파민	쾌감과 욕구에 관여하며, 인간의 행동을 지배하는 신경전달물질. '쾌감호르몬', '기대감호르몬' 등으로 불린다.	두근거린다. 의욕이 넘친다. 기분 좋은 쾌감. 유쾌한 기분. 호기심, 성취감, 집중력.
세로토닌	감정을 안정시키는 신경전달물질. '치유호르몬'. 부족하면 쉽게 우울해지거나 짜증을 낸다.	행복감, 안정감, 충만감, 온화한 기분.
노르아드레날린	뇌의 각성수준을 향상시키는 신경전달물질. 불안, 분노, 긴장 등에 깊이 관여한다.	상쾌하다. 각성한다. 경쟁심, 충동성. 긴장한다.
가바(GABA)	뉴런(뇌신경세포)의 흥분을 진정시키는 작용을 하는 신경전달물질.	안정되다. 느슨하다. 인내. 어떻게 되겠지 하는 기분.
β-엔도르핀	감각과 통증 등을 마비시키는 신경전달물질. '뇌 속의 마약'으로 불린다.	중독되기 쉬운 쾌감. 행복한 기분. 도취하다. 마비되다.

사고방식도 적극적이 되고 기분도 좋아진다. 간접 연애로 여자들이 이런 이점들을 누릴 수 있다면 굳이 말릴 필요가 없을 것이다.

여자들은 '겨울연가'나 '가을동화' 같은 멜로드라마에 감정이 입하여 눈을 반짝이며 본다. 여자들이 자주 화제로 삼는 사랑 이야기는 그런 여자의 습성을 잘 헤아리고 있다. 기본적으로 멜로드라마는 주인공이 여자인 경우가 많다. 멜로드라마의 5가지 법칙을 보면 ① 출생의 비밀 ② 아버지와 아들의 갈등 ③ 불치병 ④ 교통사고 ⑤ 사각관계를 들 수 있다. '현실에 있을 법하지 않은 허황된 이야기지만 여자들의 가슴을 두근거리게 하는 것들임에 틀림없다. 그래서 멜로드라마를 보면 도파민이 잔뜩 분비되고 어렵지 않게 감정이입할 수 있다.

여자를 이해하는 데 순정만화처럼 도움이 되는 것도 없다. 〈베르사이유의 장미〉도 〈캔디 캔디〉도 모두 훌륭한 교재가 될 것이다. 순정만화에는 운명적인 만남, 실연과 눈물, 우정과 배신, 파란만장한 결말이라는 여자의 뇌를 자극하는 다양한 요소가 매우 교묘하게 담겨 있다. 이야기 속의 주인공이 되어 간접 경험을 하면서 여자의 뇌는 젊어진다.

읽어보면 남자도 충분히 흥미롭게 생각할 만한 내용이다. 그리고 여자가 마음속으로 꿈꾸는 세계가 어떤 것인지 알 수 있는 좋은 공부가 되리라 생각한다. 57퍼센트라는 최고의 시청률을 기록한 드라마 '대장금'에는 앞에서 말한 여자의 뇌를 자극하는 4가지 요소가 충실하게 담겨 있다. 드라마나 순정만화 작가가 모두 여성이다 보니 여자들의 공감을 얻을 수 있는 작품을 만드는 것은 당연할 것이다.

'4년이면 사랑은 끝난다'는 말은 의학적으로 근거가 있을까?

'연애 호르몬'의 효과는 영원하지 않다

몇 년 전에 미국의 인류학자인 헬렌 피셔 박사의 《사랑은 왜 끝나는가(Anatomy of Love)》라는 책이 큰 인기를 끈 적이 있다. 헬렌 피셔 박사는 이 책에서 '생물학적으로 봤을 때 남자와 여자의 사랑이 4년 만에 끝나는 것은 자연스런 일이다'라고 주장했다.

그녀는 세계 62개국 여러 지역에서 결혼한 부부들의 이혼에 대해 조사한 결과, 결혼한 뒤 4년 만에 이혼하는 부부가 가장 많다는 사실을 밝혀냈다. 이 4년이라는 기간은 고릴라나 오랑우탄과 같은 유인원이 첫 번째 새끼를 낳고 다음 새끼를 낳기까지의 주기로 영장류 전반에 걸쳐 내재화되어 있다고 한다.

사실 연애는 페닐에틸아민(phenylethylamine; PEA)이라는 신경

전달물질과 관계가 있다. 페닐에틸아민은 '사랑 호르몬'이라 불리기도 하는데, 사랑에 빠져 상대방에게 열정적인 감정을 갖게 하는 마약과 같은 물질이다. 이 호르몬이 대량으로 분비되기 시작하면 앉으나 서나 늘 연인만 생각하게 되고 모든 것을 객관적으로 볼 수 없게 된다. 주위 사람들이 "왜 저런 사람과 사귀는 거야?"라며 충고를 해도 귀담아 듣지 않고 점점 더 연인에게 열중하게 된다. 이것은 페닐에틸아민이 '사랑의 호르몬'으로써 쾌감과 행복을 느끼게 하는 마약이기 때문이다. 요컨대 사랑은 '마약중독'과 같다.

그렇지만 페닐에틸아민의 지속 기간은 그렇게 길지 않다. 대개 2~3년이 지나면 분비량이 감소하는 것이 일반적이다. 사랑 호르몬 분비가 중단되면 사랑의 열기는 점차 식게 되고 눈에서 콩깍지가 벗겨지면서 비로소 서로를 냉정한 시선으로 바라보게 된다. 당연히 결점이나 못마땅한 부분도 눈에 들어오기 시작할 것이다. 그래서 사귀고 나서 3~4년이 지나면 헤어지거나 다른 사람에게 눈길을 주는 경우가 많다고 한다.

정말 사랑의 유효기간은 4년일까?

그러나 연애에 관련된 호르몬이 페닐에틸아민만 있는 것은 아니다. 연애에는 몇 가지 단계가 있는데, 그 단계에 따라서 분비되는 호르몬이 다르다. 단계별로 어떤 호르몬이 분비되는지 살펴보도록 하자.

먼저 사랑에 빠져 페닐에틸아민이 활성화되면 그와 함께 도파민, 테스토스테론, 에스트로겐, 옥시토신이 한꺼번에 분비된다. 호르몬의 상승효과로 호감을 갖고 있는 상대와 같이 있고 싶은 마음이 커지거나 성욕이 강해지기도 하면서 점점 더 상대를 원하게 된다. 이것이 제1단계이다. 연애가 한층 더 깊어지고 열렬해지는 시기이다.

다음은 제2단계로 사귀고 2~3년이 지나면 페닐에틸아민 분비가 점차 줄면서 사랑의 열기도 식게 된다. 그 대신에 증가하는 것이 세로토닌이라는 호르몬이다. 세로토닌은 뇌에 안정과 행복을 주는 호르몬이다. 오랜 기간 교제한 상대와 함께 있으면 많이 분비되고, 서로 '역시 이 사람과 있는 것이 가장 좋다'라며 편안한 마음을 갖는다.

다시 말해 분비되는 호르몬이 페닐에틸아민에서 세로토닌으로 바뀌면 연애의 단계가 '뜨겁게 불타오르던 시기'에서 '사랑을 소중히 키워나가는 시기'로 넘어간다. 중간에 헤어지는 일 없이 연애를 오랫동안 유지하기 위해서는 이 과정을 순조롭게 넘겨야 한다.

'연애의 단계'는 아이의 출생을 기점으로 '제3단계'에 접어들고, 아이가 성장하여 독립할 무렵에 '제4단계'를 맞게 된다. 이에 대해서는 나중에 다시 설명하도록 하겠다.

어찌되었든 연애에는 몇 가지 단계가 있고 단계에 따라서 분비되는 호르몬이 다르고 취하는 행동도 달라진다. 사랑의 형태가 달라짐에 따라 뇌도 변하는 것이다. 그러므로 '인간의 사랑은 4년 안에 끝난다.'고 잘라 말하는 것은 다소 성급하다 할 수 있다. 교제를 시작하고 3~4년이 지나면 확실히 위기가 찾아오는 것은 사실이지만, 그것을 잘 극복하면 또 다음 단계의 사랑이 기다리고 있다. 인간은 사랑의 단계에 맞게 뇌와 몸이 변하도록 훌륭하게 만들어져 있다.

식어가는 사랑을 오래 유지하고 싶다면
페닐에틸아민 분비가 감소하여 두 사람의 사랑이 식기 시작했을 때 그것을 막을 수 있는 좋은 방법이 없을까? 페닐에틸아민은 초콜릿에 풍부하게 함유되어 있다. 그렇다고 연인에게 매일 초콜릿을 듬뿍 먹이면 사랑을 오래 유지할 수 있느냐 하면, 그렇다는 보장은 어디에도 없다.

그래서 요즈음 옥시토신이라는 호르몬이 주목을 받고 있다. 옥시토신은 사랑에 빠지면 분비되는 호르몬 중 하나로, 상대방과 접촉하고 싶다는 '애착'을 갖게 하는 것으로 알려져 있다. 옥시토신 냄새에는 '사람을 믿게 만드는 효능'이 있다는 사실이 취리히 연구팀에 의해 증명되었다.

이 실험에 의하면 옥시토신 스프레이를 뿌려 그 냄새를 맡은 사람은 그렇지 않은 사람보다 다른 사람을 더 잘 신뢰하는 것으로 나타났다. 만약 옥시토신 스프레이가 상품화된다면 사랑이 식은 연인이나 배우자가 바람피우는 것을 예방하기 위해서나, 선거에 나온 정치인들이 유권자들의 표를 얻기 위해서, 또는 영업할 때 고객의 마음을 사로잡기 위해 사용할 수 있을 것이다.

예를 들어 텔레비전에서 '마음이 돌아선 연인 때문에 고민하는 이들이여, 옥시토신 스프레이로 사랑을 되찾아라!' 라는 광고가 나올지도 모른다. 하지만 악용될 위험이 크기 때문에 상품화되기는 어려울 것이다.

사랑을 지키기 위해 근본적인 문제를 해결할 생각은 않고 그런 임시변통의 방법을 쓰는 남자는 버림받을 것이 뻔하다.

여자는 왜
사랑과 섹스를
하나로 생각할까?

섹스는 남자의 최종 목적이다

"결국 몸이 목적이었던 거네."

농담이라 해도 이 말에 남자들은 적잖이 뜨끔했으리라. 남자들의 본심을 정확히 짚어내는 말이다.

수컷의 목표는 자신의 유전자를 가능한 한 많이 남기는 것이다. 조금 더 구체적으로 말하자면 정자를 배출하는 것이다. 결국 어떤 말로 포장하든 수컷의 최종 목적은 사정(射精)이다.

남자에게는 사랑이든 키스든 모두 최종 목적을 향한 과정에 지나지 않는다. 남자의 사랑은 오로지 섹스로 향해 있을 뿐이다.

게다가 남자는 좋아한다거나 사랑한다는 감정 없이도 섹스를 할 수 있다. 수면이나 식사와 마찬가지로 본능적으로 쾌락을 추구하는 행동일 뿐이다.

그래서 남자는 유흥업소에 가서 처음 보는 상대와도 섹스를 할 수 있는 것이다.

하지만 여자는 그렇지 못하다.

여자는 천성적으로 마음을 열지 않으면 몸을 열지 못하게 되어 있다.

여자의 스킨십은 남자와 달리 단계적으로 발전해간다. 상대방이 진실로 자신만을 사랑하는지 아닌지를 여러모로 꼼꼼하게 검토하고, 허용 범위가 어디까지인지 못을 박는다. 상대방의 애정을 충분히 확인한 뒤에 이 사람이라면 안심하고 몸을 맡겨도 되겠다는 판단이 섰을 때만 섹스를 허용한다.

다시 말해 여자는 섹스를 하기 위해서는 우선 사랑이란 감정이 필요하다.

남자에게는 '섹스=섹스'이지만, 여자에게는 '섹스=사랑의 증거'인 셈이다.

이처럼 남자와 여자의 섹스에 대한 관점이 다른 이유는 무엇일까?

남자의 쾌감은 도파민, 여자의 쾌감은 엔도르핀

그 해답을 알아보기 전에 남자와 여자의 섹스 차이에 대해서 알아보도록 하자.

남자와 여자는 섹스에서 추구하는 바도 서로 다르지만, 어떤 섹스를 원하느냐 하는 부분도 상당히 차이가 있다.

남자가 섹스에서 추구하는 것은 나이에 따라 다소 다른 것 같다. 젊은 시기에는 말 그대로 사정만 할 수 있다면 만족하는 동물적인 욕구가 강하다.

그러다 점차 상대방의 반응과 상대방의 만족 여부를 중요하게 생각하게 된다. 즉 여자를 '만족시키는' 것이 목표가 되고, 그것은 남자의 능력을 평가하는 잣대가 된다.

따라서 남자에게 가장 중요한 과제는 성기의 발기 여부이다. 남자의 상징이 서지 않으면 자존심도 서지 않는다. 행동을 시작하는 것은 남자이므로 남자의 지배욕, 정복욕 등이 만족되느냐, 안 되느냐가 중요하다.

남자의 발기 여부는 여자에게도 중요한 사항이다.

첫 번째 이유는, 남자가 발기하지 못하면 여자는 자신이 그 정도로 여성으로서 매력이 없는 건가 싶어 자신감을 잃게 된다. 두 번째 이유는, 남자가 발기하지 못하면 어딘가 상태가 안 좋은 건가 싶어 남자의 건강을 걱정하게 된다. 남자의 발기는 신체적, 정신적으로 미묘한 균형에서 성립하기 때문이다. 그런 의미에서 발기부전 치료제인 비아그라나 레비트라는 여자에게도 구세주 같은 존재다.

이에 비해서 여자는 성행위 중에 상대방과 함께 절정을 느끼지 못해도 크게 실망하지 않는다. 오르가즘에 도달하는 것보다 섹스에 이르기까지의 과정을 더 중요하게 생각하므로 삽입 여하에 대해서도 그렇게 구애받지 않는다. 물론 삽입을 통해 느끼는 일체감은 어느 무엇과도 바꿀 수 없다. 그러나 꼭 삽입하지 않더라도 오랜 동안 침대 위에서 서로 놀리고 장난치면서 즐거운 시간을 보내도 불만은 없다.

특히 여자는 스킨십에서 큰 안정을 느낀다. 이것은 아마도 에스트로겐이나 옥시토신의 작용과 관계가 있을 것이다. 두 호르몬 모두 여성호르몬으로 신체 접촉을 하고 싶은 욕구를 높여주는 작용을 한다. 안아주고 서로 어루만지는 스킨십을 통해 접촉 욕구가 충족되면 여자는 큰 만족감을 느낀다.

게다가 남자와 여자가 섹스에서 얻는 쾌감의 정도 역시 매우 다르다.

굳이 뇌과학적 표현을 사용하자면 남자의 쾌감은 '도파민'과 관계가 있고, 여자의 쾌감은 'β-엔도르핀'과 관계가 있다고 할 수 있다.

남자가 섹스에서 얻는 절정은 '사정하는 쾌감'이다. 다른 말로 하면 '분출' '돌파' '끝' '달성' 등의 단어로 표현할 수 있다. 도파민이 주는 쾌감은 축구에서 멋진 골을 성공시켰을 때 느끼는 흥분된 기분이다. 성행위에서 사정할 때 느끼는 강렬한 쾌감도 이와 같다.

그래서 축구, 농구, 핸드볼, 골프 등 많은 스포츠에서 '넣는다'는 행위가 득점으로 연결된다. 배구 역시 '상대방의 코트에 스파이크를 찔러 넣는다.'라고 표현한다. 골을 넣었을 때의 쾌감은 섹스에서 느끼는 쾌감과 같다.

그에 비해 여자가 오르가즘에 도달하여 느끼는 정절감은 '충족되는 쾌감'이다. 그 밖에 '일체감' '행복한 기분' '포근히 감싸인 느낌' 이라는 말로 표현할 수 있다. 여자들 중에는 '구름 위에 둥둥 떠 있는 듯한 기분' '충만함으로 가득 찬 기분' '다른 것은 어찌되든 상관없다는 기분' 과 같은 표현을 사용하는 사람도 있다. 이런 쾌감은 β-엔도르핀이 불러일으킨 자극이다.

β-엔도르핀은 무언가 충족되었을 때 분비된다. 이때 뇌는 마약과 같은 행복을 느낀다.

섹스는 남자에게는 끝, 여자에게는 시작을 의미한다

어느 스포츠 기자가 다음과 같은 말을 했다. "텔레비전에서 골을 넣는 장면만 모아놓은 영상을 보면 마치 포르노영화를 보는 것처럼 얼마 안 있어 따분하고 싫증이 난다. 사랑 이야기가 그렇듯이 공이 아슬아슬하게 들어가지 않는 장면이 훨씬 흥미진진하다." 참고로 이 기자는 드라마 '겨울연가'에도 깊이 빠져 있다. 그런 의미에서 여성적인 감각을 지니고 있는 사람이라 할 수 있다.

그러면 다시 원래 이야기로 돌아가보자.

여자는 섹스에서 '사랑'을 필요로 하는 존재이다.

이유가 무엇일까?

남자의 섹스는 사정하여 정자를 뿌리는 것으로 일단 그 역할이 끝난다.

그러나 여자는 반대다. 섹스를 하고 정자를 받아들이는 시점에서 시작된다. 즉 수정란을 '키우는' 여자의 역할이 시작되는 것이다.

다시 말해 번식을 위한 섹스가 끝나면 남자의 역할은 종료되지만, 여자는 섹스로 수정이 이루어진 뒤부터 진정한 역할이 시작된다. 남자는 끝나는 시점에서 사랑을 잃어도 별로 힘들어하지 않지만, 여자는 그 시작하는 시점에서 사랑을 잃게 되면 매우 힘들어한다.

여자의 몸에 정자가 들어와 난자와 수정되어 임신을 하고, 아이를 낳아 키우는 역할을 여자가 수행하기 위해서는 남자의 도움이 필요하다. 인간 이외의 포유동물의 경우 수컷은 교미하면 그것으로 역할이 끝나고, 암컷은 대부분 혼자서 새끼를 키운다. 인간 이외의 포유동물의 새끼는 태어나서 얼마 후면 혼자 설 수 있고, 스스로 어미의 젖을 빨 수 있기 때문이다. 하지만 인간의 갓난아기는 안아서 유두를 입에 물려주지 않으면 젖을 빨지 못하며, 혼자 서서 걷기까지 1년이라는 시간이 걸린다. 그 전까지는 엄마가 아이 곁을 떠날 수 없기에 먹이를 찾으러 다닐 여유가 없다. 그래서 여자는 아이를 키우는 동안 먹이를 가져다주고 아이와 자신을 안전하게 보호해줄 남자가 필요하다.

따라서 여자는 섹스를 이유로 남자의 애정을 시험한다. 남자의 섹스와 섹스에 도달하기까지의 태도를 면밀히 관찰하여 자신에게 적합한 유전자를 가지고 있는지, 섹스가 끝난 뒤에도 자신에게 관심과 애정을 기울여줄지를 가늠하는 것이다.

이와 같이 여자에게는 섹스와 사랑이 한 세트일 수밖에 없다.

여자는 '수용하는 성'이다. 이것은 원래 정자를 받아들인다는 의미에서 자궁을 채우는 것을 비유한 말이지만, 여자는 이에 더해서 사랑받음으로써 마음도 채워지기를 바란다.

사정하고 싶어 하는 남자와 채워지기를 바라는 여자. 양쪽의 처지와 생각이 미묘하게 다르기 때문에 남자와 여자의 관계는 흥미롭다. 아마도 섹스란 남녀의 그런 차이를 보완하기 위한 최고의 확인 작업이라 할 수 있을 것이다. 그러므로 섹스에서조차 서로를 이해하지 못하고 문제가 발생한다면 남녀 관계를 개선할 희망은 더 이상 없다고 할 수 있다. 비아그라가 개발된 이유 중 하나는 바로 여기에 있다.

여자가
원하는 시기는
도대체
언제인가?

여자의 뇌는 성적으로 흥분하기 어렵다

만약 여자에게 남자와 같은 정도의 성욕이 있다면 인류는 지나친 번식으로 인해 일찍이 멸망했을 것이라 한다.

남자와 여자에게는 그 정도로 성욕의 차이가 있는 것일까?

성욕을 담당하는 중추는 뇌의 시상하부에 있는데, 성중추 안에 있는 성욕을 일으키는 신경세포 덩어리가 여자보다 남자가 2배나 크다고 한다. 그렇다고 해서 '남자의 성욕이 여자의 2배'라고 단순하게 말할 수는 없지만, 어쨌든 남자의 뇌와 여자의 뇌에서 성욕이 차지하는 영역에 매우 큰 차이가 있다.

그래서 남자의 뇌는 바로 '하고 싶다'는 욕구로 가득 찬다. 이에 비해서 여자는 성욕이 있는지 없는지 전혀 감을 잡을 수 없는 부분이 있다. 이 격차 때문에 남자에게는 인내와 노력이 필요하다.

가령 어느 남자가 만원전철에서 노출이 심한 여자와 몸을 밀착하게 되었다고 가정해보자. 남자의 몸이 불끈하고 반응을 보이는 것은 자연스런 일이다. 남자는 특히 눈에 보이는 '시각' 정보만으로도 그 자리에서 성적으로 흥분할 수 있다. 한번 흥분하면 진정시키기가 상당히 힘들다. 남자들 중 적지 않은 사람이 그런 경험을 해봤으리라 생각한다.

그런데 여자의 경우 남자와 몸이 밀착되면 될수록 혐오감이 점점 커진다. 이런 상황에서 성적으로 흥분하는 일은 있을 수 없다. 대부분의 여자는 상대방에게 차가운 시선을 보내거나, 안절부절못하며 어떻게든 남자 몸에서 떨어지려 애를 쓴다. 그래서 남자는 한층 더 난처해진다. 남자의 곤혹스런 얼굴을 보고 여자는 '뭐야, 이 사람. 혹시 치한 아냐?' 하고 오해를 하는데 어찌 보면 의심을 받는 남성도 불쌍하다.

물론 치한은 큰 범죄다. 하지만 남자의 뇌와 여자의 뇌에서 성적으로 흥분하는 방식이 크게 다른 것은 엄연한 사실이다. 그렇기 때문에 남녀의 뇌 차이를 충분히 이해한 뒤에 대책을 세워야만 범죄를 줄일 수 있다. 그런 의미에서 남녀가 접촉하는 일이 없도록 여성전용 차량을 설치한 것은 좋은 방법이다.

섹스가 끝난 뒤에 바로 텔레비전을 켜서는 안 되는 이유

여자의 성욕은 남자에게는 수수께끼나 다름없다. 도대체 여자들은 언제 성욕을 느끼는 것일까?

우선 남자가 이해하기 어려운 것은 분위기를 조성하지 않으면 여자가 여간해서 성욕을 느끼지 못하는 점이 아닐까 싶다. 남자는 분위기를 특별히 만들지 않아도 언제든 어디에서든 OK이지만, 여자는 그렇지 않다.

그 이유는 여자는 대뇌를 경유해야 성적으로 흥분하기 때문이다.

남자와 여자는 원래 성 호르몬인 테스토스테론의 작용으로 '하고 싶다'는 성적 충동을 느낀다. 남자는 여자보다 테스토스테론이 10~20배 정도 많다. 게다가 남자가 사정할 때 느끼는 쾌감기억은 매우 선명하고 강하다고 한다. 그래서 그 쾌감을 바로 느끼고 싶기 때문에 남자는 그 자리에서 테스토스테론을 분비하여 눈 깜짝할 사이에 언제든 섹스가 가능한 상태가 된다. 말하자면 호르몬의 본능적인 힘이 자극을 하는 것이다.

번식기인 개구리 수컷은 자기 몸 크기의 무언가가 움직이면 당장 달려들어 매달리는 성질을 가지고 있다. 종이 다른 개구리든, 수컷 개구리든, 고무장화든 가리지 않고 달려든다. 심지어 물고기나 도롱뇽에 달라붙거나 물이 담긴 비닐봉지에 열심히 달려드는 모습을 볼 수 있다.

남자는 그 정도까지는 아니지만, 남자들 중에 닥치는 대로 여자에게 접근하는 사람도 있다. 그러고 보니 바람을 넣은 비닐인형 같은 것을 껴안는 사람도 있다고 한다. 여자도 피부와 감촉이 똑같은 실리콘 젤 패드를 브래지어 아래에 넣고 남자를 속이니 둘다 똑같다.

여자에게도 테스토스테론은 있지만, 당장 '하고 싶다'는 성욕이 생길 정도로 많지는 않다. 그래서 해야 할지, 말아야 할지 대뇌에서 다각도로 검토를 한다. 물론 성욕을 유발하는 데 분위기도 중요하다. 여자가 성욕을 느끼기 위해서는 호르몬의 본능적인 힘과 함께 이성적인 '사고'가 필요하다.

더욱이 여자가 좀처럼 성적 욕구를 느끼지 못하는 이유는 '안전성'을 충분히 확인해야 하기 때문일 것이다.

남자는 한창 섹스에 몰입 중일 때도 주변 상황에 주의를 기울인다. 그래서 언제 적이 공격해 오든 몸과 마음을 즉시 전투 상태로 바꿀 수 있다. 그런데 여자는 그것이 불가능하다. 여자는 섹스를 시작하면 무방비 상태가 된다. 성행위 중에는 몸과 마음의 긴장을 푼 상태여서 주위 상황이 어찌 되든 신경을 쓰지 못한다. 한창 몰입해 있을 때는 무슨 일이 벌어져도 급하게 전환이 불가능하다. 하물며 오르가즘에 도달한 상태일 때는 근육이 이완되어 혼자 일어서는 것조차 힘들어한다.

그래서 여자는 몸의 안전을 위해서도 쉽게 섹스에 응할 수 없다. 위험 요소는 없는지 사전에 확실하게 확인해야 하기 때문에 여자는 안심하기까지 시간이 걸린다.

참고로 여자는 섹스에 응하기까지도 시간이 걸리지만, 섹스를 마치고 원래 상태로 회복하는 데도 시간이 걸린다. 섹스가 끝난 뒤 흥분이 가라앉기까지 시간이 걸리는 이유는 쾌감의 여운에 잠겨

한동안 안정을 취해야 정자가 자궁 안에 안착하기 쉽기 때문이다. 임신하기를 원한다면 섹스가 끝난 뒤에 1시간 정도는 누워 있는 편이 좋다. 남자는 정자를 분출하면 섹스가 끝나지만, 여자는 받아들인 정자가 몸속 깊은 곳에 안착될 때까지가 섹스에 해당한다.

그래서 여자는 사정을 마친 뒤 남자가 취하는 태도가 성실하지 못하면 화를 낸다. 사정을 마치고 홀가분하다는 얼굴로 서둘러 옷을 입는다거나, 사정을 끝내자마자 바로 텔레비전을 켜는 것은 여자를 배려하지 않는 행동이다. 당신은 그처럼 부주의한 행동으로 여자에게 잔소리를 듣거나 분노의 대상이 된 적이 없는가?

남자는 사정이 끝났더라도 바로 여자의 곁을 떠나지 말고 따뜻한 포옹으로 무방비 상태인 그녀를 안심시켜주기 바란다. 여자는 β-엔도르핀이 분비되어 느끼는 행복을 가능하면 파트너와 함께 나누기를 원한다. 왜냐하면 그가 바로 자신에게 만족감을 느끼게 해준 사람이기 때문이다.

여자의 성욕을 높이는 방법

여자의 성욕과 성행동에 대해 말할 때 잊어서는 안 되는 것이 여성호르몬인 에스트로겐의 영향이다. 성욕을 유발하는 호르몬은 테스토스테론이지만, 여자의 성욕에 더 큰 영향을 미치는 것은 에스트로겐이라고 할 수 있다.

여자의 뇌와 몸은 에스트로겐과 프로게스테론이라는 두 가지 여성호르몬이 만드는 생리주기에 큰 영향을 받는다. 이에 대해서는 다음 장에서 자세히 다루겠지만, 여자의 성욕도 생리주기에 따라 크게 달라진다. 에스트로겐이 우위에 있는 시기에는 몸과 마음이 안정되고 여성스럽고 아름다워져 남자를 받아들일 준비가 갖춰진다. 그와 동시에 성욕도 왕성해진다. 이에 비해 프로게스테론이 우위에 있는 시기에는 몸이 붓고 움직임이 둔해지고 정신적으로도 둔감해진다. 성욕도 감소되어 남자를 원하지 않는다. 프로게스테론에는 성충동을 없애는 효과가 있는 것으로 확인되었다.

즉 여자의 성욕은 에스트로겐이 가속화시키고, 프로게스테론이 제동을 건다고 할 수 있다. 배란 직전에 에스트로겐의 분비가 최고조에 달한다. 가장 임신 가능성이 높은 시기이다. 이 시기에 여자는 성욕이 최고조에 달하고, 무의식중에 평소보다 노출이 심한 옷을 입거나, 남자를 의식한 행동을 하기도 한다. 물론 개인차는 있다. 때로는 생리 중에 성욕이 커지는 사람도 있고, 황체기에 기분이 약간 침체되어 있을 때 남자를 그리워하는 사람도 있다. 그러나 생물학적인 관점에서 말하면 에스트로겐 수치가 가장 높아지는 시기가 여자에게 구애하기에 가장 적합한 때라고 할 수 있다.

그러나 여자가 섹스를 원하는 시기에 딱 맞춰 구애하기는 쉽지 않다. 그래서 의식적으로 에스트로겐을 증가시키는 방법도 있다. 콩에 들어 있는 이소플라본은 에스트로겐과 비슷한 작용을 하여 갱년기 장애뿐만 아니라 월경전증후군을 완화시키는 데 도움을 준다. 에스트로겐은 도파민신경과 세로토닌신경을 자극하여 움직이게 하는 기능이 있기 때문이다.

여자의 성욕을 유발하는 또 다른 방법은 맛있는 음식을 먹고 만족감을 느끼게 하는 것이다. 뇌 안에 식욕 중추와 성욕 중추는 매우 가까운 곳에 위치해 있으며 서로 연동하고 있다는 사실이 최근에 밝혀졌다. 고릴라 수컷의 뇌에 있는 공복중추를 자극하면 교미를 한다. 이에 비해 암컷 고릴라는 공복중추를 자극하여도 아무런 반응을 보이지 않는다. 반대로 만복중추를 자극하면 엉덩이를 돌린다. 이를 해석하자면 수컷은 기아상태가 되면 자신이 죽을지도 모르기 때문에 자식을 남기려 하고, 암컷은 굶주리면 새끼를 임신할 형편이 아니라고 생각한다는 것이다. 암컷은 포만감이 들고 영양상태가 좋아져야 비로소 교미에 흥미를 보인다. 이것은 어느 학자의 추측이지만 왠지 모르게 납득이 간다.

여자는 왜
아이가 생기면
아이에게만
관심을 쏟을까?

'출산 전'과 '출산 후'가 전혀 다른 사람 같다

아이를 낳으면 여자는 크게 달라진다. 임신 전에는 남편에게 정열적인 사랑을 바라던 여자가 아이가 태어나자마자 남자는 쳐다보지도 않는다. 아이를 돌보느라 몸과 마음의 리듬뿐만 아니라 생활리듬이 단숨에 아이 중심으로 바뀌게 된다.

남자는 여자의 변화에 내심 당황하면서도 시도 때도 없이 울어대는 아이의 울음소리에 압도되어 조금씩 육아에 관심을 갖게 된다.

남자와 여자의 연애 단계는 임신·출산을 계기로 제3단계로 돌입한다. 이 시기 남자와 여자는 아이를 협력하여 키워야 한다. 3단계는 아이가 더 이상 돌봐주지 않아도 될 정도로 성장하여 부모의 품을 떠날 때까지 계속된다.

여자가 출산을 경험하면서 출산 전과 출산 후가 마치 전혀 다른 사람처럼 바뀌는 것은 결코 드문 일이 아니다. 도대체 여자는 왜 이렇게까지 크게 바뀌는 것일까?

포유류는 수유로 사랑을 키운다

호르몬은 여자의 변화에 커다란 영향을 미친다.

임신·출산이라는 중대한 이벤트를 성공적으로 수행하기 위해서 여자의 뇌와 몸에서는 호르몬 재편성이라는 큰 개혁사업이 진행된다.

순서에 따라서 그 변화를 설명해보겠다.

임신을 하게 되면 에스트로겐과 프로게스테론이라는 두 여성호르몬이 대량으로 분비된다. 에스트로겐은 임신 중 자궁 태아의 성장을 돕고 젖샘의 발달을 촉진시킨다. 프로게스테론은 자궁 벽을 두껍고 부드럽게 만들며 자궁 속 면역을 조절하는 데 온 힘을 기울인다.

임신하고 조금 있으면 두 호르몬이 태반에서 분비되면서 착착 출산 준비가 이루어진다. 한편 임신 후반부가 되면 출산할 때의 고통에 대비하여 β-엔도르핀 분비가 활발해진다. β-엔도르핀은 모르핀과 같은 물질로 고통을 완화시켜주는 천연 마약이다. 그리고 옥시토신과 프로락틴과 같은 모유 분비에 중요한 호르몬도 생성된다.

이런 준비가 모두 갖춰지면 진통이 오고 분만이 시작된다. 이 메인 이벤트가 끝나면 β-엔도르핀의 분비는 급격히 줄어든다. 그래서 임신기간 후반에 안정되었던 기분이 갑자기 침울해지고 갑작스런 변화를 따라가지 못해서 산후우울증에 걸리는 경우도 있다. 출산 뒤에 옥시토신과 프로락틴은 분비가 더욱 활발해진다. 두 호르몬은 신생아가 유두를 빠는 데 자극을 받아 젖을 분비하는 작용을 한다.

앞에서 소개한 것처럼 옥시토신은 '애착'을 강화하는 작용을 하지만, 엄마와 아이의 유대를 깊게 만들어주는 기능도 있는 것으로 밝혀졌다. 인간뿐만 아니라 포유동물의 암컷은 임신기간이나 수유기간에 심한 보호와 집착을 보이는데, 이것은 옥시토신의 영향 때문이며 만일 옥시토신이 분비되지 않으면 새끼는 제대로 돌봄을 받지 못해 살아남지 못한다. 수유기간은 여자에게 더 없이 행복한 시간이다. 수유만큼 이 세상에서 자신의 존재 의미를 확신시켜주는 행위는 없다. 젖을 주는 동물은 모두 새끼에게 젖을 빨리면서 새끼에 대한 사랑을 키워간다.

프로락틴도 젖의 생성에 깊게 관여하는 호르몬이지만, 여자의 성욕을 감퇴시키는 작용도 한다. 수유기간에 여자는 아이를 돌보는 데 모든 관심을 기울이기 때문에 섹스를 생각할 여유가 없다. 체력적인 면에서도 수유 중인 여자는 가능하면 섹스를 삼가고 다시 임신하지 않도록 조심하는 것이 좋다. 이를 위한 교통정리까지도 프로락틴이 담당하고 있다. 그래서 여자가 수유하는 기간에는 남자 쪽에서 섹스를 원해도 귀찮아하는 경우가 많다. 참고로 프로락틴은 남자의 성적 욕구도 감퇴시킨다. 부작용으로 프로락틴 분비를 촉진시키는 약이 몇 가지 있는데, 이것을 장기 복용하면 발기부전 증상이 나타난다.

여자는 이와 같이 임신과 출산을 겪으면서 놀랄 정도로 달라진다. 남편은 전혀 신경도 쓰지 않고 오로지 아이에게만 관심을 기울이는 것도 호르몬으로 인해 여자의 뇌와 몸이 아이 중심으로 바뀌었기 때문이다. 사실 육아는 그렇게 하지 않으면 안 될 정도로 대단히 어렵고 고된 일이다. 엄마가 울고 있는 갓난아기는 내버려둔 채 섹스에 빠져 있다면 갓난아기가 생명을 잃을지도 모른다.

동물은 진화할수록 육아 기간이 길어진다. 악어 등 일부를 제외하고 파충류 이하의 동물은 새끼를 낳으면 돌보지 않고 방치한다. 조류는 일단 알을 따뜻하게 품어서 부화시킨다. 제비의 수명은 7년 정도로 1년에 2~3회 번식한다. 한 번에 보통 5개의 알을 낳고, 13~15일 동안 부화하며 부화에서 깨어난 새끼는 17~22일 뒤에 둥지를 떠난다. 즉 조류의 육아 기간은 30~37일인 셈이다. 생후 1개월 만에 새끼들이 부모 곁을 떠나기 때문에 다시 바로 교미를 해도 전혀 문제가 되지 않는다.

여자는 출산을 통해서 허물을 벗는다

참고로 프로락틴은 매우 재미있는 호르몬이다. 양서류의 변태를 촉진시키고, 파충류의 탈피를 촉진시키기도 하며 철새의 이동이나 조류가 알을 부화시키기 위해 둥지를 지키는 성질인 '취소성(就

巢性)'을 자극하는 것으로 알려져 있다. 올챙이에 다리가 생기고 개구리가 되는 것도 뱀이 허물을 벗는 것도 프로락틴의 작용 때문이다. 뿌리 깊은 본능에 따라 생물이 변화할 때 필요한 힘을 주는 호르몬이다.

다소 비과학적인 말이지만, 그런 점에서 보면 여자도 프로락틴의 작용으로 탈피를 하는 것이 아닌가 싶다. 아이를 낳고 젖을 줌으로써 여자는 지금까지의 허물을 벗고 새로운 여자로 거듭나는 것이다.

정확히 어떻게 변할지는 모른다. 그 전에는 얌전했던 여자가 아이를 낳고부터 활발해져서 배짱 두둑한 엄마가 되는 경우도 있고, 패션잡지에서 빠져나온 듯 세련된 차림으로 젠체하던 여자가 출산한 뒤에 패션이나 외모에 전혀 신경 쓰지 않는 경우도 있으며, 전에는 스포츠에 관심이 없던 여자가 아이들 운동모임에 열성적으로 따라다니는 엄마가 되기도 한다. 어찌 되었든 임신과 출산이라는 큰 사건을 겪으면서 여자는 좋든 싫든 한 꺼풀 벗고 새롭게 변화하게 된다.

이에 맞춰 남자도 달라지지 않으면 안 된다.

아니, 대개는 남자 역시 자연스럽게 변한다. 지금까지 매일 밤 술집을 전전하던 남자가 아이가 태어난 뒤로는 아이의 얼굴을 보러 서둘러 귀가하고, 마음을 잡지 못하고 빈둥거리던 남자가 아이와 아내를 위해 가장으로서 뒤늦게 철이 들기도 한다.

그러고 보면 스포츠선수 중에는 아이가 태어난 뒤에 갑자기 성적이 올라가거나 은퇴설이 돌던 선수가 아이에게 당당하고 멋진 모습을 보여주기 위해 새로운 재능을 꽃피우는 경우도 있다. 아이의 탄생은 남자에게도 동물이 허물을 벗듯 과거의 모습에서 벗어나 새롭게 변화할 수 있는 좋은 기회일 것이다.

여자는 왜
'욘사마'에게
빠져들까?

여자로 다시 태어나는 일

일본에서는 드라마 '겨울연가'가 방영된 뒤로 선례가 없는 한류 열풍이 불고 있다. '욘사마'라 불리는 배용준의 인기 역시 전혀 수그러들 조짐이 보이지 않는다.

나는 '겨울연가'를 비롯해서 한류 드라마에 푹 빠진 현상을 '겨울연가 증후군'이라 부른다.

겨울연가 증후군에 걸리는 사람은 대체로 중년 여성으로 4, 50대 주부층이 주축을 이룬다. 아이가 성장하여 부모의 품을 떠나고 혼자 남겨질 연령대가 아닌가 싶다. 그렇다 해도 이 연령대의 여자들이 왜 새삼스럽게 연애 드라마에 빠져드는 것일까?

그 이유는 그녀들이 '청춘'을 되찾고 싶어 하기 때문이다.

여자는 4, 50대가 되면 지금까지 자신을 속박했던 양육에서 해방된다. 아이 엄마에서 한 사람의 여자로 돌아가면서 '이대로 늙어도 괜찮은 걸까?'라는 의문에 맞닥뜨리게 된다. 집에만 있기에는 아직 젊은 나이, 자신을 위해 뭔가 할 수 있지 않을까 고민하고 더 늦기 전에 '제2의 청춘'을 만끽하기로 마음먹는다. 젊은 시절 하고 싶었지만 할 수 없었던 일, 전부터 해보고 싶었지만 시간이 없어서 못 했던 일을 시도해보는 것이다. 그것은 포기하고 있었던 또 다른 자신으로 다시 태어나는 작업이라 할 수 있다.

여자들이 되찾고자 하는 것은 비단 자신의 꿈이나 목표만이 아니다. 연애 역시 되찾기를 바란다. 지금까지 버려두었던 또 하나의 자신으로 산다는 것은 또 하나의 자신이 느꼈을지도 모르는 다른 사랑을 찾으려는 욕구로 이어진다. 그래서 지금까지 현모양처였던 여자가 갑자기 '왜 저런 사람이랑……'이라 생각되는 남자와 바람을 피우거나, 남편에게 헌신적이던 여자가 갑자기 반항적인 행동을 하는 일이 많아진다. 갑자기 이혼하는 50세 전후의 부부가 점점 증가하는 것도 그 탓이다.

요컨대 이 시기 남자와 여자의 '연애 단계'는 제4단계를 맞이한다. 페닐에틸아민이 저하되어 열렬했던 사랑이 식어가는 시기를 '제1의 위기'라 한다면, 이 시기는 '제2의 위기'라 할 수 있을 것이다. 이와 같이 중년에 갑자기 찾아오는 부부의 위기를 의학과 심리학에서는 '중년의 위기(midlife crisis)'라고 말한다.

참고로 중년의 위기가 발생하는 것 역시 호르몬 변화 때문이다.

중년이 되면 여자는 에스트로겐 수치가 점차 줄어듦과 동시에 에스트로겐과 관계가 깊은 세로토닌의 분비도 줄어든다. 앞에서 이야기한 바와 같이 세로토닌은 마음을 진정시키고 안정되도록 해주는 억제계 호르몬이다. 세로토닌이 감소하면 마음이 불안정해진다. 여자들은 머리숱이 적어진 남편을 보고 '어느새 나이를 먹었구나.' 하고 슬픔에 잠긴다. 그리고 자신의 인생이 이대로 괜찮은지 불안해지고, '이대로 끝낼 수 없다. 더 늦기 전에 한 번 더 꽃을 피우고 싶다.' 는 초조함에 사로잡히게 된다.

여자가 중년의 위기를 극복하는 열쇠

그러면 중년에 찾아온 위기를 극복하려면 어떻게 하는 것이 좋을까?

그 열쇠는 도파민에 있다. 알기 쉽게 말하면 두근거림을 느끼는 것이다. 아이 엄마에서 한 사람의 여자로 돌아온 중년 여성들은 모두 심장의 두근거림을 갈망한다. 특히 주부가 그것을 절실하게 호소한다. 주부의 일은 단조롭고, 매일 해도 해도 끝이 없는 똑같은 일의 반복이다. 그런 일상에서 자신을 '다른 세상' 으로 데려가줄 무언가를 원한다.

그녀들이 '겨울연가' 에 빠져드는 것은 이 드라마가 '두근거림' 을 충분히 만족시켜주기 때문이다. '겨울연가 증후군' 에 빠진 여자들은 모두 눈을 반짝이며 드라마 주인공에게 자신을 감정이입한다. 그리고 마치 자신이 진짜 연애를 하는 것처럼 두근거림을 느끼고 도파민이 활성화된다.

앞에서도 언급했듯이 도파민의 쾌감자극에는 뇌회로를 긍정적으로 성장시키는 힘이 있다. 이전에는 기계 조작에 서툴던 아내가 DVD플레이어를 사용하고, 컴퓨터 자판에 거부 반응을 보이던 주부가 컴퓨터로 채팅을 하기 시작하며, 해외에 나가본 적이 없던 중년 여성이 한국어를 배워서 친구들하고 한국 여행을 갈 수 있게 된다. 도파민의 영향으로 뇌세포가 증가하고, 뇌세포에서 뻗어 있는 수상돌기가 점점 길게 뻗어 나와 신경전달이 더욱 좋아진다. 뇌세포가 성장함에 따라 여자는 단조로운 일상을 긍정적으로 받아들일 수 있게 된다. 즉 두근거림으로 도파민이 활성화되면서 여자의 마음은 한층 더 안정되며 행동도 적극적으로 변한다. 예를 들어 자신의 삶에 대해 의문을 갖고 마음이 크게 동요하더라도 그것을 다시 원래 상태로 되돌려놓을 수 있는 힘이 생긴다. 그 안정감이 중년의 위기라는 관문을 무사히 통과할 수 있도록 도와주는 것이다.

두근거림의 대상이 '겨울연가' 이든 빅뱅이든 누가 되든 상관없다. 여자들이 두근거림을 느낄 수 있는 누군가를 갈망하는 것은 중년의 위기를 극복하기 위해 생리적으로 필요하기 때문이다. 주부들은 이런 대상에 몰두함으로써 일상에서 벗어나 마음껏 설렘을 느낀 다음 다시 일상으로 돌아간다. 일상과 일탈의 균형을 적절히 유지하면서 갱년기 전후 감정의 기복이 심한 시기를 순조롭게 넘기기 위해 무의식중에 노력하고 있는 것인지도 모른다. 그런 의미에서 본다면 매우 현명한 방법이라 할 수 있다.

그러므로 당신은 배용준에게 열광하는 아내에게 "욘사마? 도대체 저런 예쁘장한 남자가 어디가 좋다는 건지 모르겠군."과 같은 말을 해서는 안 된다. 아내의 일탈을 부정했다가 진짜 부부 위기를 맞기라도 하면 큰일이다.

만약 아직 '겨울연가'를 본 적이 없다면 꼭 한번 보기 바란다. 그 드라마에는 여자가 남자에게 바라는 것이 무엇인지, 남자가 어떻게 해주면 여자가 기뻐하는지에 대한 핵심이 매우 교묘하게 담겨 있다. 분명히 여자의 눈을 반짝이게 만들 힌트를 많이 발견할 수 있을 것이다.

Chapter 03

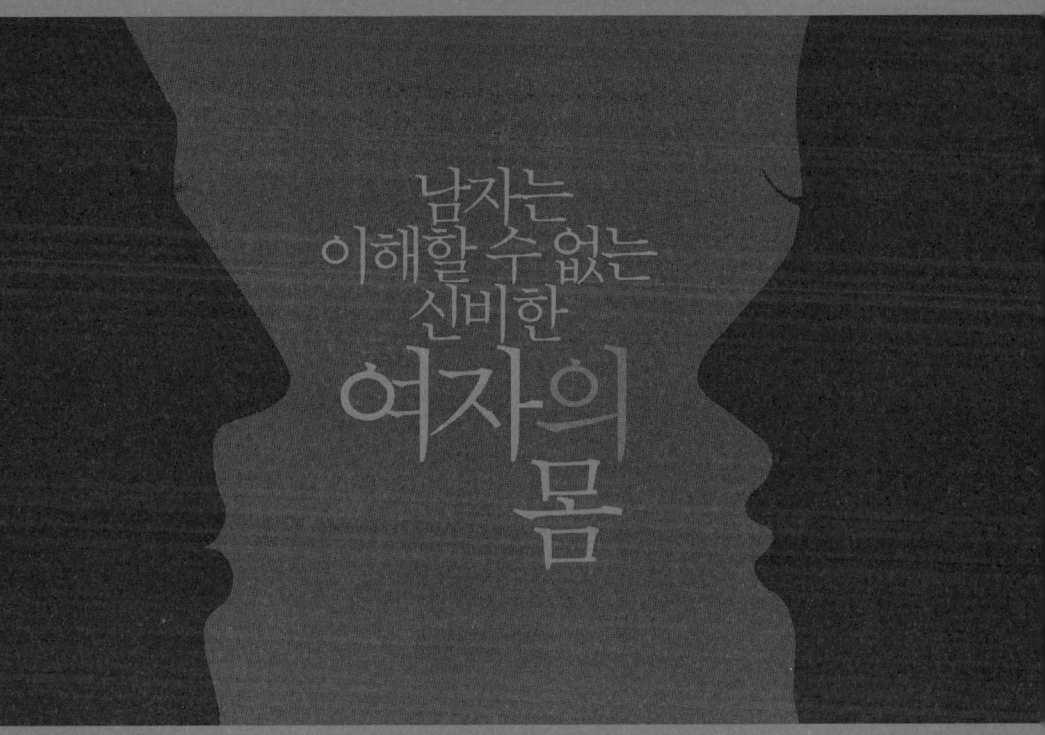

남자는
이해할 수 없는
신비한
여자의
몸

여자는 왜
오래 사는 것일까?

여자를 이해하기 위해서 꼭 알아야 하는 문제

여자는 리듬과 균형으로 움직이는 존재이다.

우리 뇌와 몸은 원래 항상 일정한 힘을 발휘하기 위해서 리듬과 균형을 유지하면서 움직인다. 한쪽으로 지나치게 치우치면 어딘가 반드시 이상이 생기고, 평소에 하던 것처럼 힘을 발휘하지 못하게 된다. 그러므로 호르몬과 자율신경, 면역 등의 상태를 조절하고 언제나 안정된 힘을 발휘할 수 있는 제어 시스템인 항상성이 훌륭하게 작동하도록 되어 있다.

물론 이것은 남녀에게 공통으로 해당되는 것이다. 그러나 굳이 남자와 여자를 비교하자면 남자보다 여자의 리듬과 균형이 무너지기 쉽게 되어 있다. 생리주기에 따라 호르몬 분비 상태가 크게 변하는 탓에 여자는 조그만 일로도 균형을 잃어버리기 쉽다. 언제나 일정한 힘을 발휘한다는 것은 변화의 파도가 큰 여자에게는 대단히 힘든 일이다. 그래서 여자는 일상생활을 하면서 특별히 더 리듬과 균형에 신경을 써야 한다. 그리고 항상성을 유지하며 언제나 안정된 힘을 발휘해야만 여자는 스스로 아름답게 빛을 발할 수 있다.

이 장에서는 불안정한 균형 위에 이루어진 여자 몸의 신비에 대해 살펴보도록 하겠다. 여자 몸의 메커니즘을 이해하면 여자의 말이나 행동을 상당 부분 납득할 수 있을 것이다.

특히 여자의 생리와 여성호르몬에 대한 것은 여자를 이해하는 데 빠질 수 없는 부분이다. 이 부분은 남자가 이해하려 해도 이해할 수 없는 벽일지도 모른다. 그 벽을 넘지는 못하더라도 벽의 크기와 두께를 알 수는 있다. 벽의 존재를 '알고 있다'는 사실이 서로의 거리를 좁히는 데 중요하다.

여자를 아름답게 만들어 남자를 유혹하는 호르몬

남자와 여자의 차이를 결정하는 것은 호르몬이라고 해도 좋을 것이다.

아직 성별을 모르는 태아일 때 남성호르몬이 다량으로 분비되어 몸 안의 남성호르몬의 농도가 높아지면 태아는 남자아이가 되고, 그렇지 않은 경우에는 여자아이가 된다. 남성호르몬이 다량으로 분비된 남자아이의 뇌는 생존경쟁에 이겨서 많은 자손을 남길 수 있도록 한층 더 공격적으로 프로그램화된다. 또 남성호르몬이 분비되지 않은 여자아이의 뇌는 여성호르몬의 지배를 받게 되어 훗날 생리주기가 형성되고 아이를 낳을 수 있도록 프로그램화된다.

여성호르몬은 여자를 여자답게 만들어주는 호르몬이다. 그러므로 남자가 여자를 이해하기 위해서는 호르몬이 어떤 영향을 미치는지를 알아둬야 한다.

여러 호르몬 중에서도 더욱 큰 영향력을 가지고 있는 여성호르몬이 에스트로겐이다. 여기에서는 에스트로겐에 대해서 조금 더 자세히 설명하도록 하겠다.

에스트로겐은 여성스러운 아름다움을 만드는 원동력이 되는 호르몬이다. 다시 말해 여자가 동그스름한 여성적인 체형인 것도, 피부가 부드럽고 생기 있는 것도, 머리카락에 탄력이 있고 윤기가 있는 것도 모두 에스트로겐 덕분이다. 에스트로겐은 여자가 첫 생리를 시작할 무렵부터 급격히 증가하고 뇌에 작용하여 배란을 촉진시킨다. 생리를 하는 동안은 주기적으로 배란을 촉진하고 폐경 이후부터는 분비가 급격히 줄어든다. 폐경이 되어 에스트로겐의 영향력이 사라지면 피부와 머리카락의 탄력과 윤기가 사라지고 주름과 푸석함이 늘어난다.

다시 말해 에스트로겐은 수태 가능한 시기, 배란 시기에 맞추어 여성스런 아름다움으로 빛나도록 만들어주고 그 매력으로 남자를 사로잡게 하는 호르몬이다.

앞에서 설명한 바와 같이 에스트로겐은 여성의 성적 욕구에도 관여하고 있으며, 배란 전에 에스트로겐의 분비가 증가하면서 여

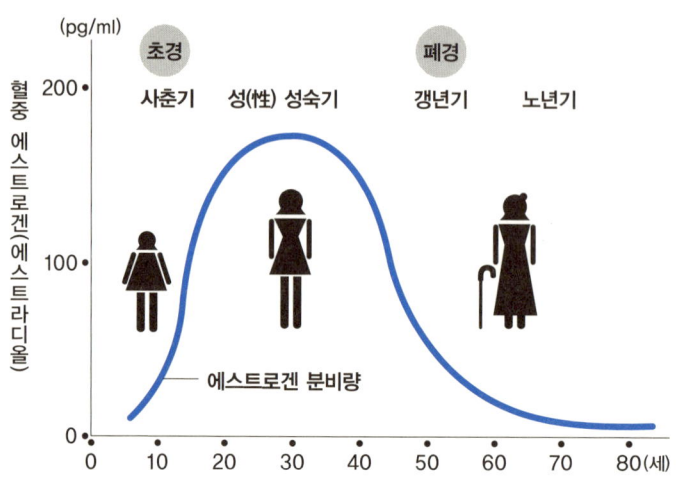

자는 쉽게 성적 흥분을 느낀다. 더 매력적이고 아름다워지며 배란 준비가 완료된 상태에서 성욕까지 커지니 '자, 임신할 만반의 준비를 마쳤으니 수컷들이여 어서 오세요.' 라고 말하는 것 같은 상태가 된다.

에스트로겐은 남자를 유혹하는 흡인력의 원천이라 할 수 있다. 수컷들은 암컷의 여성스런 아름다움과 매력에 매료되어 앞 다투어 모여든다. 그런 의미에서 에스트로겐은 여자는 물론 남자까지도 조종한다고 할 수 있다.

에스트로겐이 여자에게 미치는 영향은 그뿐만이 아니다.

예를 들면 여자의 건강에도 영향을 미친다.

여자가 임신하고 아이를 낳아 키우기 위해서는 체력이 있어야 한다. 에스트로겐은 여자가 출산과 육아를 감당할 수 있도록 뼈와 혈관, 근육을 튼튼하게 만들어준다. 또 에스트로겐은 칼슘과 콜레스테롤 대사에 중요한 작용을 하는데, 폐경 뒤에 에스트로겐이 감소하기 때문에 뼈가 부서지기 쉬운 골다공증에 걸리거나 여분의 콜레스테롤이 증가하여 고지혈증에 걸리는 여성이 많아진다.

그리고 뇌에도 적지 않은 영향을 미친다. 에스트로겐은 기억 중추인 해마에 작용해서 기억력 같은 인지기능을 향상시키는 것으로 알려져 있다. 특히 단기기억 능력이 향상되기 때문에 에스트로겐 수치가 가장 높은 배란 전에 시험을 보면 암기 능력이 훨씬 좋아진다. 그래서 여자는 사랑에 빠지면 에스트로겐이 대량으로 분비되어서 특히 더 기억력이 좋아진다. 여자가 첫 데이트에서 무엇을 먹고, 어떤 이야기를 했으며, 그날 야경은 어땠는지, 무엇을 입었는지까지 기억하는 것도 그 때문이다. 남자는 대체로 기억하지 못한다.

여자가 '그때 이렇게 말했잖아!' 라고 추궁해도 남자가 '그런 말 했었나?' 라며 모호한 반응을 보이는 것은 정말로 기억이 나지 않기 때문이다.

에스트로겐은 아세틸콜린이라는 신경전달물질의 기능을 향상시킨다. 아세틸콜린은 인지와 기억 등 뇌의 정보처리에 관여하는 중요한 물질로 뇌의 능력을 활성화시킨다. 아세틸콜린의 감소는 알츠하이머병(노인성 치매)의 발병 원인 중 하나이므로 알츠하이머병은 폐경 뒤에 발생하기 쉽다.

이와 같이 에스트로겐은 생리를 하는 동안에는 여성의 능력이 유지되도록 도와준다.

그러므로 갱년기가 되어 에스트로겐 분비가 급격히 감소되면 여자의 뇌는 큰 혼란을 일으킨다. 앞에서 설명한 '항상성'이 무너지고, 미묘한 균형 위에 놓여 있던 자율신경이나 면역의 균형도 크게 무너지게 된다. 그래서 갱년기가 되면 현기증, 두통, 안면홍조, 발한, 심장의 두근거림, 구역질 등 여러 가지 자율신경실조증상으로 고생하고, 기억력과 집중력이 떨어져 정신적으로도 불안정하다 보니 우울함이나 짜증을 호소하는 경우가 많다.

보통 여자는 남자보다 수명이 긴 편인데, 이것 역시 에스트로겐 덕분이다. 미국에서 실시한 실험에서 뇌 신경세포의 감소가 남자보다 여자 쪽이 느리다는 사실이 밝혀졌다. 그것은 에스트로겐의 영향 때문이 아니냐는 의견이 있다.

앞에서 말했듯이 에스트로겐은 알츠하이머병을 예방하는 효과가 있는 것으로 알려져 있으며, 또 동맥경화를 예방하여 뇌와 심장의 혈관을 튼튼하게 유시시켜주는 효과도 있다. 아마도 에스트로겐의 이런 작용이 여자의 뇌가 오래 동안 건강하게 활동할 수 있도록 해줄 것이다.

여자는 평생 에스트로겐의 지배를 받는다

이와 같이 에스트로겐은 여자의 인생에 깊이 관여하고 있다.

여자가 아름답게 빛나는 것도, 아이를 낳을 수 있는 것도, 아이를 키울 수 있는 체력이 있는 것도 모두 에스트로겐 덕분이다. '꽃은 금방 진다'라는 말이 있는데, 에스트로겐은 아름다운 꽃을 피게 하고, 열매를 맺을 수 있도록 꽃가루받이를 할 힘을 준다. 꽃이 떨어진 뒤에도 열매를 키우며, 성숙시키는 데 필요한 힘을 빌려주는 것이다.

그런 의미로 여자의 일생은 에스트로겐이라는 호르몬의 지배를 받고 있다고 할 수 있다. 이 모든 것은 에스트로겐이라는 '지휘자'가 있어야 연주할 수 있는 음악이다.

여자가 여자로서의 매력을 빛낼 수 있는 것도, 그 매력을 잃는 것도 모두 에스트로겐에 달려 있다. 에스트로겐이 기분 좋게 뇌와 몸에 지시를 내리면 여자는 한층 더 아름답게 피어난다.

아무리 지배욕이 강한 남자라도 이 지휘자는 거스를 수 없다. 오히려 이 지휘자가 목적하는 바가 무엇인지 이해하여 열심히 협력하는 편이 현명하다.

여자는 왜
생리할 때
아무것도
못할까?

잔뜩 흐렸던 장마가 걷히고 날이 맑게 개다

생리통은 남자가 아무리 이해하려고 해도 이해하지 못하는 부분이다.

굳이 말로 설명한다면 뱃속 내장이 오그라드는 듯한 아픔이다.

통증의 정도는 사람에 따라 다르다. 진통제를 먹지 않고 참을 만한 둔통으로 끝나는 사람도 있지만, 구급차를 불러야 할 만큼 통증에 시달리는 사람도 있다.

어쨌든 생리통은 여러모로 여자를 힘들게 한다. 사람에 따라 다르지만 대부분의 여자는 생리 시작 전이나 생리 중에는 능력이 눈에 띄게 저하된다. 그런데 남자는 그 차이를 느끼지 못한다. 어찌 보면 느끼지 못하는 것이 당연하다. 하지만 여자는 그런 남자에게

'나는 이렇게 힘든데 왜 내 고통을 이해하지 못하는가!' 라는 서운함을 품게 되고 결국 쓸데없는 불화와 오해가 생긴다.

이런 충돌을 막기 위해서 남자가 이해하기 쉽게 생리할 때와 평소의 상태가 얼마나 다른지 설명해보겠다.

먼저 머릿속의 상태가 다르다. 생리 시작 전이나 생리 중에는 머릿속이 잔뜩 찌푸린 장마철 하늘과 같다. 무언가를 적극적으로 한다든지, 일할 때 의욕을 불태우는 모습은 찾아볼 수 없고 '아무것도 하지 않고 가만히 있고 싶다.', '빨리 집에 가서 눕고 싶다.'는 생각만 하게 된다. 몸은 나른하고, 무겁다. 머리는 아프고, 어깨는 결린다. 피부에는 뾰루지나 여드름이 생기고 화장도 잘 받지 않는다. 생리통이 심한 날은 기분이 최악이다. 억수같이 쏟아지는 빗속에서 질퍽한 진창에 빠져 한걸음도 제대로 걷지 못하는 기분이 든다.

상황이 그러면 당연히 짜증이 난다. 무엇을 해도 집중할 수 없고, 실수가 잦아지기 때문에 그것이 또 짜증을 더욱 부채질한다. 당연히 능률이 떨어진다. 생리통이 심한 사람은 스스로를 통제하지 못하여 감정의 기복이 심해지기도 하고, 사소한 일에 침울해하기도 한다. 이럴 때는 생리도 안 하고, 언제나 일정한 몸 상태를 유지할 수 있는 남자가 부럽기도 하고 원망스럽기도 하다. 회사일이고 집안일이고 도통 손에 잡히지 않는다.

그러나 생리가 끝나면 그때까지 드리워져 있던 무거운 비구름이 물러가고 점차 파란 하늘이 드러난다. 마치 장마가 걷힌 듯 반짝이는 햇살이 환하게 비춘다. 머릿속이 맑고 투명해지고, 머리 회전이 빨라지며, 말이 막힘없이 술술 나온다. 피부와 머리카락 상태가 좋아진다. 화장도 잘 받고, 몸의 움직임도 가벼워진다. 자연스럽게 '자, 오늘도 열심히 일하자.', '새로운 일에 도전해보자.' 라며 의욕이 샘솟는다.

생리로 고생할 때와 생리가 끝난 뒤는 이 정도로 큰 차이가 있으며, 여자는 대개 그것을 당연하게 받아들인 채 생활하고 있다. 조금은 그 괴로움을 이해할 수 있겠는가?

생리 중인 여자를 대하는 태도에 따라 남자의 가치가 달라진다

이와 같이 여자는 남자가 좀처럼 이해하기 힘든 고통을 주기적으로 겪고 있다. 때문에 그 고통에 대해서 남자가 어느 정도 이해하는 모습을 보여주면 여자는 위안을 받는다. 반대로 전혀 이해해주지 않으면 여자는 생리통이라는 고통에 남자의 무관심까지 더해져 상처를 받는다.

다시 말해 어지기 생리 중일 때 남자가 어떤 태도를 취하느냐에 따라서 여자가 그 남자를 보는 눈이 크게 달라진다고 할 수 있다.

예를 들어 설명해보겠다.

가령 당신이 여자 친구와 데이트하러 놀이공원에 갔다고 가정해보자. 두 사람 모두 데이트 계획을 세우고 기다리는 내내 은근히 기대가 컸다. 그런데 운 나쁘게도 당일에 여자 친구가 생리를 시작한 것이다. 놀이기구를 타도 맛있는 식사를 해도 여자 친구의 우울한 표정은 좀처럼 펴지지 않는다. 아무리 생리중이라지만 모처럼 하는 데이트인데 계속 뚱한 표정으로 있는 여자 친구에 대한 불만으로 당신의 머릿속은 가득 차게 된다. 그러면 이럴 때 당신은 어떻게 행동할 것인가?

이런 경우 남자는 '생리? 그 정도는 좀 참아봐.' 라든가, '매달 하는 건데 그 정도 아픔은 참을 수 있잖아. 조금 더 즐거운 표정을 지어봐.' 같은 말을 하기 쉽다.

하지만 그래서는 안 된다. 여자라고 해서 마음이 편한 것은 아니다. 상황이 이렇게 된 데 대해 미안하게 생각하고 이미 자책하고 있는데, 남자가 그런 말을 한다면 여자 친구에게 괴로움을 안겨줄 뿐이다.

그러므로 남자는 발상을 바꿔야 한다. 아무리 기대가 컸던 데이트라 해도, 힘들게 예매한 티켓이라도 상황이 이러면 예정을 변경하는 것이 바람직하다. 여자의 몸 상태를 가장 우선으로 하여 계획된 일정을 수정해야 할 것이다.

놀이공원에서 놀이기구를 타기 힘들다면 꼭 무리해서 탈 필요는 없다. 벤치에 앉아 편안히 쉰다든지, 가까운 호수나 공원에서 따뜻한 햇볕을 쬐는 것도 좋을 것이다. 어떻게 하면 여자 친구가 편하게 있는지를 고민하여 데이트 계획을 변경하면 '아, 이 사람은 나를 최우선으로 생각해주고 있구나.' 하고 크게 감동을 받을 것이다.

여자가 생리할 때 당신이 취하는 행동에 따라 당신에 대한 평가가 크게 달라진다.

남자는 여자의 생리통을 이해하지 못한다. 그렇기 때문에 이해하는 모습을 보임으로써 다른 남자와 차별화될 수 있는 기회가 생긴다.

연기여도 상관없다. 이럴 때 포용력을 발휘하여 다른 무엇보다 여자의 몸 상태를 우선으로 생각하자. 분명히 그런 행동이 당신의 가치를 크게 올려줄 것이다.

여자에게는 왜 '악녀 시기'와 '숙녀 시기'가 있을까?

생리할 때쯤이면 왜…?

영국에서 있었던 일인데 이별을 통보하는 남편에게 화가 난 아내가 차로 남편을 치어 죽인 사건이 있었다. 그때 아내는 월경전증후군이 있었다고 한다. 범행 당시 사물을 판별하거나 자기 의사를 통제할 만한 능력이 없는 심신상실상태였다 해서 재판에서 정상 참작을 받았다고 한다.

PMS라고 불리는 월경전증후군은 생리 전에 호르몬의 균형이 무너지면서 여러 자율신경계에 실조증상이 나타나는 것을 말한다. 이 시기 여자는 이유 없이 불안해하고 짜증내며 우울해하는 경우가 많아서 정신적으로 불안정하다. 여자들 중에는 앞의 예처럼 공격적인 행동을 하는 경우도 적지 않다.

그러나 아무리 월경전증후군이라 해도 생명을 함부로 해서는 곤란하다. 생리 시작 전이나 생리중일 때마다 이처럼 포악해진다면 목숨이 몇 개여도 모자랄 것이다.

이 정도는 아니라도 생리할 때면 마치 다른 사람처럼 돌변하는 여자들이 확실히 많다. 도대체 왜 그런 것일까?

여자에게는 남자의 접근을 허용하는 시기와 거부하는 시기가 있다

원래 여자에게는 '숙녀 시기'와 '악녀 시기'가 있다.

여자가 숙녀인 시기는 남자를 유혹하는 시기이고, 악녀인 시기는 남자의 접근을 꺼리는 시기라 할 수 있다.

이렇게 남자의 접근 허용 여부가 다른 것은 여성호르몬의 변화가 크기 때문이다.

숙녀 시기는 생리가 끝난 뒤부터 배란 후 4~5일 정도까지를 말한다. 이 시기는 앞에서 설명한 에스트로겐이 분비되어 여자의 몸과 마음의 기능이 크게 증진된다. 의욕과 호기심이 넘쳐나고, 집중력과 기억력도 향상된다. 몸의 움직임도 좋아지고, 피부 상태도 좋으며, 전체적으로 생기가 돌아 생동감이 넘치게 된다. 앞에서 말한 바와 같이 이것은 바로 여성스런 아름다움을 비롯해 몸과 마음의 모든 능력을 끌어올려 남자를 사로잡으려는 에스트로겐의 영향 때문이다. 그래서 이 시기의 여성은 남자에게 대단히 매력적인 요조숙녀로 보인다.

그렇게 준비한 노력이 허사로 끝나면 배란이 된 뒤에 에스트로겐의 분비는 점차 감소하고 악녀 시기에 들어간다. 배란 후 4~5일부터 생리가 끝날 때까지가 악녀가 되는 시기이다. 이 기간에 여자는 에스트로겐 대신에 프로게스테론이라는 호르몬의 영향을 받아 심신의 기능이 불안정한 상태가 된다. 정신적으로 무언가 하고자 하는 의욕이 없고, 집중력도 떨어지며, 금방 화를 내거나 침울해하고 초조해하는 모습을 자주 보인다. 몸도 무겁고, 두통과 졸음에 시달리는 등 여기저기 상태가 좋지 못하다. 또 피부에는 뾰루지나 여드름이 많이 생긴다. 여자에게 이 시기는 생리 전에 새로운 난자를 만들기 위한 사전준비를 하는 휴식기이다. 가령 섹스를 해도 임신하지 않기 때문에 기본적으로 남자를 유혹할 필요가 없다. 그래서 여성스런 매력이 시들해지고, 몸과 마음의 기능이 저하되며, 집안에 틀어박혀 있으려는 경향이 강해진다.

그중에서도 특히 월경전증후군 기간일 때 눈에 띄는 변화는 공격성이 증가한다는 점이다. 그것은 에스트로겐의 저하와 함께 세로토닌의 감소 때문인 것으로 알려져 있다. 세로토닌이 부족하면 사람은 초조해지거나 우울해진다. 그렇지만 임신이 되기까지의 과정을 봤을 때 다음과 같은 이유도 생각해볼 수 있다.

배란이 된 뒤부터 다음 생리가 시작되기까지, 즉 생리전 기간은 여자에게 어쩌면 임신했을지도 모르는 중요한 시기다. 다른 남자가 접근하지 못하도록 하고 가능한 한 안정을 취해야 한다. 동물의 암컷은 새끼를 배고 있거나 수유 중일 때 '모성적 공격행동'이라 해서 외부의 적으로부터 새끼를 지키기 위해 강한 공격성을 보인다. 이와 마찬가지로 여자들은 잉태한 (혹은 잉태했을지도 모르는) 유전자를 지키기 위해서 공격적으로 되는 것이 아닌가 하는 생각이 들기도 한다.

남자와 여자의 관계는 구별하기 어렵기 때문에 흥미롭다

다시 말해서 숙녀 시기에 천사 같은 얼굴을 하고 있던 여자가 배란을 기점으로 악녀로 변하는 것은 자연의 섭리에 따른 것이다. 배란 후 여자는 모체와 난자를 지키기 위해 공격성을 띠도록 프로그램되어 있다는 뜻이다.

이 시기에는 되도록이면 여자를 건드리지 않는 편이 바람직하다. 그냥 가만히 두는 것이 가장 좋다. 어차피 여자 스스로도 생리 전이라 심신의 상태가 어쩔 수 없다는 것을 잘 알기 때문이다.

그렇다 해도 '지킬 박사와 하이드'처럼 변하는 여자를 남자는 도대체 어떻게 구분해야 할까? 만약 숙녀인 시기와 악녀인 시기를 구별할 수 있다면, 숙녀일 때 접근하고 악녀일 때는 멀찍이 물러서서 기꺼이하지 않으면 되니 남자에게 이것만큼 유리한 것도 없다.

상대 여자가 아내나 여자 친구라면 어느 정도 구별하기 쉬울 것이다. 과거에 아내나 여자 친구가 생리할 때를 떠올려보라. 대체로 그 시점에서 28일 뒤에 다음 생리를 시작한다. 배란은 생리를 시작하고 나서부터 대개 14일 정도 지나야 한다. 생리기간이 보통 4~7일이므로, 생리가 끝난 날로부터 배란하고 나서 4~7일까지 약 2주 동안에 좀처럼 말하기 곤란했던 부탁이나 의논을 꺼내면 한결

수월하게 일이 진행될 것이다. 섹스나 프러포즈도 다른 때보다 비교적 쉽게 수락한다. 단, 이 시기는 임신될 확률이 높은 기간이므로 섹스를 할 때는 그에 맞는 준비와 각오가 필요하다.

아내나 여자 친구 등 가까운 사람이 아닌 경우는 유감스럽게도 구별하기가 어렵다. 회사에서 옆자리에 있는 여자 동료에게 "생리가 언제야?" 라든가 "배란일 지났어?"와 같은 질문을 하면 그야말로 성희롱이다. 가령 여자 동료가 운 좋게 화를 내지 않는다 해도 답을 얻기는 쉽지 않다. 많은 여자들이 자신의 배란일이 언제인지 잘 모르기 때문이다.

상대 여자가 악녀 시기인지, 숙녀 시기인지 모르기 때문에 흥미롭다는 견해도 있을 수 있다. 다른 동물은 대체로 배란기와 발정기가 일치하여 그 시기에만 교미를 한다. 인간만이 배란기와 무관하게 언제든지 끊임없이 발정할 수 있다. 그래서 남자는 늘 상대 여자가 지금 발정할 가능성이 어느 정도인지를 열심히 탐색한다. 그리고 그녀가 과연 자신을 받아줄 것인지, 아니면 거절할 것인지를 온갖 방법을 동원해서 알아내려 한다.

그렇지만 여자의 마음이란 간단히 알아낼 수 있는 것이 아니다. 그래서 남자와 여자는 계속 서로의 속마음을 알아내기 위해 탐색전을 벌이고 밀고 당기기를 하는 것이다. 남녀의 탐색이 있었기에 인간의 성이 여기까지 다양하게 발전할 수 있었다. 그렇지 않았다면 문학이나 연극, 영화도 지금처럼 발전하지 못했을 것이다.

앞에서 언급했듯이 여자란 원래 상반된 모순을 지니고 있는 존재이다. 아마도 '악녀'와 '숙녀'라는 두 가지 얼굴을 갖고 있고 남자는 그것을 구별하지 못하기에 여자에게 매료되는 것이 아닐까 싶다.

뼈 나이가 60대인
20대 여자가
늘고 있다

20대에 갱년기 장애와 같은 증상이 나타나는 여자들

사람들이 흔히 하는 말 중에 '여자는 뼈'라는 말이 있다.

여자의 일면을 정확히 파악하여 잘 표현한 문장이다.

왜냐하면 최근에는 실제 나이보다 '뼈 나이'가 많은 여자들이 증가하고 있기 때문이다. 실제 나이는 20대인데 뼈 나이는 5, 60대인 경우가 많아졌다. 간혹 뼈 나이가 70대인 젊은 여성도 있다.

그러므로 남자는 겉모습에 속아서는 안 된다. 반려자는 꼭 뼈가 튼튼하고 단단한 여성을 선택하기 바란다.

어쩌다 이런 현상이 생겨난 것일까?

여자들이 본디 지니고 있는 '여성의 리듬'을 중요하게 생각지 않은 탓이다. 불규칙한 생활과 스트레스, 지나친 다이어트 등으로 인해 생리와 배란 리듬이 엉망이 되었다.

그 과정을 살펴보면 다음과 같다.

에스트로겐을 비롯한 여성호르몬은 난소에서 분비되지만, 호르몬을 '분비하라'는 지시를 내리는 것은 뇌이다. 여성호르몬을 분비하라는 지시는 뇌의 시상하부에서 판단하여 뇌하수체를 통해서 내린다. 뇌의 사령탑으로 중요한 시상하부가 스트레스를 받으면 호르몬 분비 명령이 원활하게 전달되지 않는다.

시상하부는 호르몬과 자율신경을 총괄하여 균형을 잡아주는 사령탑과 같은 역할을 하지만 외부 스트레스에 대단히 약하다는 특징을 갖고 있다. 그래서 회사 업무나 인간관계에서 받는 스트레스, 지나친 다이어트, 과로와 수면 부족이라는 외부 압력이 가해지면 균형이 무너진다.

스트레스로 인해 시상하부에 이상이 생기면 불규칙적으로 '여성호르몬을 분비하라'는 지시가 내려지고, 명령이 제대로 전달되지 않는 탓에 난소는 여성호르몬을 분비하지 않는다. 결국 배란 리듬은 깨지고, 생리불순 증상이 나타난다. 호르몬 분비 명령이 완전히 중지되면 배란과 생리도 안 하게 된다.

이렇게 되면 여자는 대단히 큰 영향을 받게 된다. 여자를 여자이게 하는 호르몬 분비가 중지된다는 것은 '수태 능력'이라는 가장 중요한 능력을 상실하게 된다는 뜻이다. 또 에스트로겐이 분비되지 않으면 외양과 건강에 문제가 발생하기 시작한다. 피부와 머리카락에서 윤기와 생기가 사라지고 여성스런 매력과 활력이 전체적으로 감소한다. 뼈에서 칼슘이 빠져나가며 골밀도가 낮아진다. 젊은데도 불구하고 뼈 나이가 할머니 같은 여성들이 많은 것은 이 때문이다.

여자들 가운데 20대, 30대인데도 현기증, 두통, 안면홍조, 어깨결림, 정서적 불안감 같은 갱년기에 나타나는 자율신경실조 증상을 호소하는 사람이 있다. 이것을 '유년형 갱년기장애'라고 표현하는 사람도 있으나, 이 경우 난소는 제 기능을 할 수 있는 능력이 있기에 적합하지 못하다. 어디까지나 스트레스로 인해 호르몬의 분비가 중단된 것이므로 일시적인 증상이며 스트레스를 받는 생활습관을 고쳐 시상하부가 정상적으로 돌아오면 난소도 다시 여성호르몬을 분비한다.

이와 같은 사태가 벌어진다면 여자만이 가질 수 있는 고유의 능력을 스스로 포기하는 것과 같다. 여자들은 스트레스에 둘러싸인 일상에서 본연의 모습을 잃어버리고, 여자로서 원래 지니고 있어야 할 '여성의 리듬'을 잃어가고 있다.

여자는 일찍 결혼해서 아이를 낳아야 하는 것일까?

이와 같이 여성으로서의 리듬과 균형이 무너지게 된 이유는 급속하게 이루어진 여성의 사회 진출과 무관하지 않다. 남자들과 어깨를 나란히 하고 일하는 여성이 증가하고, 당연히 도맡아야 할 책임과 스트레스도 커졌다. 여자에게는 회사일 이외에 신경 써야 할 부분이 많다. 결혼문제, 가정문제 등 고민거리가 많은 탓에 떠안고 있는 스트레스의 무게가 남자보다 훨씬 무거울지도 모른다.

지나친 스트레스는 선천적인 여자의 고유 능력에 압박을 가한다. 물론 그렇다고 해서 '여자는 취업할 생각 말고 일찍 결혼해야 한다.'라고 말할 생각은 털끝만큼도 없다. 나 역시 여자로서 의사 일을 계속 해온 사람이다. 그렇지만 사회 진출에 성공한 여자에게 더 많은 스트레스가 가해지고 그로 인해 여자의 몸에 나쁜 영향을 미치는 것은 부정할 수 없는 사실이다.

게다가 좋든 싫든 여자의 사회생활은 결혼과 출산 시기를 늦추는 원인이 된다. 여자의 몸 구조를 생각했을 때 가장 출산에 적합한 시기는 25세에서 29세이다. 이 시기는 유산될 확률이 가장 낮고, 출산 중에 문제가 발생할 확률 역시 가장 낮다. 여자의 뇌와 몸은 원래 아이를 낳아야 하는 시기에 맞춰서 호르몬이 증가하고 몸의 활성화가 이루어지며, 출산이라는 큰일을 견딜 수 있는 힘을 주도록 프로그램 되어 있다. 그렇지만 이 시기가 지나면 점점 난자의 신선도가 떨어지고 골반 근육도 굳어져서 출산 과정에서 직면하게 될 위험 요소가 점차 많아진다. 지금은 고령 출산에 대한 의료기술이 발전하였다지만, 출산 적령기를 놓치면 뇌와 몸에 여러 가지 부담과 고통이 가해진다.

결혼과 출산 적령기를 일하느라 허비하는 것은 여자가 본디부터 지니고 있는 인체의 생리를 거스르는 것이다. 그러므로 산부인과 의사는 늘 "빨리 아이를 낳으라."고 말한다.

이 시대는 '적령기'란 말이 거의 사어가 될 정도로 여자들이 결혼과 출산으로부터 멀어지고 있다. 그 원인으로 두 가지를 들 수 있는데, 하나는 여자가 출산하고 양육하는 성을 발휘하고 싶을 정도로 매력적인 남성이 적어졌다는 점이다. 또 다른 한 가지는 결혼하고 아이를 낳은 뒤에도 일을 계속할 수 있을 만큼 사회 환경이 만족스럽지 않다는 것이다.

여자가 여자로서 성 역할을 완수하기 위해서는 남자의 힘이 꼭 필요하다. 자녀 양육은 혼자서는 불가능하다. 사회제도를 만드는 것은 주로 남자다. 그러니 남자들은 이 책을 읽고 여자를 이해하고, 결혼과 출산이라는 여자로서의 사업과 사회활동이라는 인간으로서의 사업을 양립할 수 있는 사회 환경을 부디 만들어주기 바란다.

여자는 왜
다이어트에
열을 올릴까?

극단적인 다이어트는 여자의 적

여자가 목표로 하는 '아름다운 체형'과 남자가 여자에게 바라는 '아름다운 체형'에는 미묘한 차이가 있는 듯하다.

사람에 따라 다를 수도 있지만, 대부분의 남자들은 여자들이 다이어트를 위해 눈물겨운 노력을 기울이면서까지 살을 빼기를 바라지 않는다. 남자는 너무 마르거나 무리해서 살을 뺀 여자를 보면 직감적으로 '건강하지 못한 기운'을 느낀다. 게다가 사람에 따라 다르기는 하지만 뼈가 튀어나올 정도로 너무 살이 없는 몸보다 보기 좋게 약간 살이 붙은 편이 남자에게는 더 아름다워 보인다.

왜냐하면 남자들이 보기에 약간 통통한 여자가 수태 능력이 좋아 보이기 때문이다.

여자 몸의 비율은 수태 능력을 반영한다. 너무 뚱뚱해도, 너무 야위어도 안 된다. 섭식장애가 좋은 예라 할 수 있다. 거식증으로 극단적으로 체중이 감소하면 생리와 배란이 중지된다. 마찬가지로 과식을 반복하여 체중이 지나치게 증가해도 생리와 배란이 중지된다. 시상하부가 극단적인 체중 변화를 몸의 위기 상태로 인식하면 생명 유지를 우선시하여 난소에 호르몬 분비 명령을 내리지 않는다.

섭식장애는 극단적인 예이지만, 다이어트로 본디 갖고 있는 여자의 리듬을 엉망으로 만드는 여자들이 많다. 시상하부는 체중 변화에서 오는 스트레스에 약하기 때문에 조금만 무리하게 식사를 제한하거나, 잘못된 다이어트를 하면 즉각적으로 균형이 무너져서 호르몬 분비 명령이 지체된다. 그것이 생리불순과 같은 문제로 이어진다. 수태 능력이 위기에 처하지는 않더라도 다이어트가 여자 본연의 기능을 저하시키는 것은 의심할 여지가 없다. 요 몇 해 사이 불임으로 고민하는 여자가 늘어나는 것도 이와 무관하지 않을 것이다.

극단적인 다이어트는 여자의 적이다. 여자를 여자이게 하는 호르몬의 분비에 나쁜 영향을 주고, 여성스러움을 점점 잃게 할 수도 있는 함정이 숨어 있다. 그런데도 여자들은 그것을 깨닫지 못한다.

몇 번을 실패해도 포기하지 않고 다이어트를 다시 시작한다. 남자가 아무리 "왜 그렇게 살을 빼려고 하는지 모르겠다."며 말려도 귀담아 듣지 않은 채 조금 살이 빠졌다가 다시 원래 체중으로 돌아가는 과정을 반복한다. "더 날씬해지고 싶다."는 말만 되뇌고, 날씬해지고 싶다는 욕망은 날이 갈수록 더 강해진다.

도대체 여자는 왜 필요 이상으로 살을 빼고 싶어 하는 것일까?

다이어트라는 금단의 게임

여자는 특히 다이어트라는 말만 나오면 눈빛이 달라진다. 그 이유는 다이어트의 성공 여부가 자신의 가치와 직결된다고 생각하기 때문이다.

'살을 빼면 젊어 보인다' '살을 빼면 다른 사람들의 주목을 받을 수 있다'는 선입견이 머릿속에 깊이 박혀 있다. 거식증의 경우 식사를 거부하고 필요 이상으로 살을 빼고 싶어 하는 가장 큰 이유는 '살을 빼면 모두의 주목을 받을 수 있다'라고 생각하기 때문이다. 살이 빠져 아이처럼 어려 보이면 부모님이나 다른 사람들이 어린 시절과 같이 자신을 아끼고 사랑해줄 것이기에, 더 이상 음식을 먹고 살이 쪄서 '흉한 어른'이 되고 싶지 않은 것이다. 거식증이 아니더라도 다이어트에 중독된 사람의 심리는 이와 매우 비슷하다. 즉 다른 사람에게 더 좋은 평가를 받고 싶어서 굳이 하지 않아도 되는 다이어트를 하느라 사서 고생을 한다.

특히 여자는 외모로 평가를 받는 경우가 많다. 남자는 외모보다 업무 성과나 능력으로 평가를 받기에 자신이 일한 결과물을 보여주면 된다. 그런데 여자는 그렇지 못하다. 평가 대상이 다름 아닌 자기 자신이며, 주위의 평가는 바로 존재가치 문제와 결부된다.

그래서 여자는 다이어트를 해서 더 젊어지고, 더 아름다워져서 자신의 가치를 다른 사람에게 인정받으려 한다. 그렇기 때문에 다이어트에 실패하면 마치 자신의 존재가치를 모두 부정당한 것처럼 좌절감과 자책으로 괴로워하고, 다이어트에 성공하면 모든 사람에게 좋은 평가를 받은 것처럼 흥분과 성취감을 느낀다.

남자로서는 이해할 수 없는 감정일 것이다.

참으로 한심한 일이지만, 아무리 실패하고 몇 번이나 좌절을 맛봐도 여자는 다이어트를 그만두지 않는다. '살이 빠져 날씬해진 자신의 존재를 평가받는 쪽이 더 중요하다'는 사고가 밑바탕에 깔려 있다. 아마도 그 강한 동기부여 앞에서는 건강을 해친다든지 생리가 늦어지는 일 같은 것은 중요하지 않을 것이다. 그런 관점에서 보면 여자에게 다이어트는 '자신의 평가'라는 상품이 걸린 금단의 게임일지도 모른다.

'아내를 고를 때는
그 어머니를 보라'는
말은 사실일까?

미인은 유전일까, 아닐까?

미인은 과연 유전일까? 남자든, 여자든 이 점이 몹시 궁금한 사항일 것이다. 결론부터 먼저 말하면 얼굴에 관해서라면 대답은 'NO'이다.

왜냐하면 아이는 부모에게 50퍼센트씩 균등하게 유전자를 물려받는데 그 조합이나 배열이 어떻게 될지는 아무도 모르기 때문이다. 예를 들어 부모님이 흠잡을 데 없는 완벽한 미남 미녀인데 딸이 어머니에게는 눈 꼬리가 길고 맑은 눈을, 아버지에게 늠름한 코를 물려받았다면 딸의 얼굴은 과연 미인일까? 아름다움이란 각 부분이 서로 균형과 조화를 이루어야 한다. 그래서 부모가 아무리 미남 미녀라 해도 그 딸이 반드시 아름다울 것이라고 단정할 수 없다.

체형·체질은 모성유전을 하는가?

그렇지만 '체형'의 아름다움에 대해서라면 이야기가 다르다.

체형은 유전되는 경향이 강하다. 특히 딸은 어머니의 체형을 이어받을 확률이 높다.

그중에서도 비만, 즉 살이 찌기 쉬운 체질은 유전이다. 물론 식습관 같은 환경인자의 영향도 받지만, 현재는 다양한 '비만유전자'가 발견되어 부모가 살이 찌기 쉬운 체질인 경우 자녀에게도 전해진다는 사실이 과학적으로 증명되고 있다.

딸의 체형이 어머니를 닮는 것은 '미토콘드리아 유전'과 연관이 있다. 미토콘드리아는 세포 속에 있는 에너지 생성기관으로, 세포를 움직이는 엔진이라 할 수 있다. 이 엔진이 연료 소모가 많은 유형인지, 아니면 연비가 좋은 효율적인 유형인지에 따라서 에너지 생성 능력은 크게 달라진다. 다시 말해서 이 엔진 유형에 따라 살이 찌기 쉬운 체질인지, 아니면 살이 빠지기 쉬운 체질인지가 결정되는 셈이다.

더욱 흥미로운 사실은 미토콘드리아 유형은 어머니에게서 자녀에게만 모성유전을 한다는 점이다. 아버지가 어떤 유형의 미토콘드리아이든 자녀에게 유전되지 않는다. 그래서 여자는 미토콘드리아 유형을 진단받으면 출생 경로를 어느 정도 알 수 있다. 여자에게 이어져 내려온 유전자를 거슬러 올라가면 마지막에는 인류 공통의 조상인 아프리카의 '이브'에 다다른다고 한다.

이야기가 잠시 옆길로 샜다. 다시 본 주제로 돌아가 말하자면 딸의 체형은 어머니를 닮을 가능성이 높다.

사람들이 흔히 '만약 진지하게 결혼을 생각하는 여자가 있으면 그 어머니를 보라'는 말을 하는데, 이것이 체형에 관한 말이라면 맞는 말일지도 모른다. 현재 딸이 아무리 균형 잡힌 아름다운 몸매를 가지고 있어도 그녀의 어머니가 살이 찐 사람이라면 언젠가는 딸도 살이 찔 가능성이 크다.

또 한 가지 '체질' 역시 닮는 경우가 많다. 예를 들면 어머니와 딸의 생리 양과 주기가 비슷하다든지, 부인과 계열 질병이 유전될 확률이 높다. 또 자율신경이 과민한 정도도 닮는다. 추위를 많이 타거나 자주 차멀미를 하는 등 외부의 스트레스에 대한 몸의 반응도 닮는다. 자율신경실조증은 증상이 다양하여 그야말로 백인백색이지만 치료할 때 보면 어머니와 딸이 똑같은 증상을 호소하는 경우를 많이 접하게 된다. 반대로 현재 딸이 어떤 이유로 몸 상태가 안 좋았다가 병을 극복하고 어머니처럼 건강해지는 경우도 있다.

남자 역시 크게 달라지는 경우가 많다. 감기 한 번 걸리지 않고 건강했던 남자가 어느 날 갑자기 뇌졸중으로 병상에 눕는 경우도 있고, 차분하고 어른스러웠던 남자가 결혼한 뒤에 갑자기 폭력적인 남편이 되는 경우도 있다. 머리카락이 탐스러웠던 사람이 점차 헤어라인이 뒤로 후퇴하는 경우도 있다. 사실 인간은 예측할 수 없는 존재라는 말이 맞을 것이다.

물론 게놈을 제대로 해석할 수 있다면 예측 가능할지도 모르나, 환경인자의 영향 역시 상상 이상이므로 무시할 수 없다.

내일의 일은 아무도 모른다. 그러므로 앞으로의 일을 가지고 이것저것 걱정하기보다, 어떤 일이 벌어져도 나름대로 대응할 수 있는 유연성을 기르는 편이 남녀 모두에게 훨씬 중요하다.

왜 여자는
냉증과 빈혈, 변비로
고생하는 것일까?

여자는 경보감지 능력이 잘 발달되어 있다

이 장의 첫머리에서 말한 바와 같이 여자는 사소한 일로도 건강의 균형이 쉽게 무너진다. 그래서 여자의 몸은 건강의 균형이 무너지고 있음을 바로 경고해주는 시스템이 발달되어 있다. 그 경고는 여러 가지 '불쾌한 증상'과 '통증'으로 나타난다. 여자 몸은 불쾌한 증상이나 통증을 느끼는 감지기가 남자보다 더 민감하다.

그래서 여자는 늘 소소하게 불쾌한 증상을 안고 생활한다. 두통, 생리통, 어깨 결림, 냉증, 변비, 빈뇨증, 갑자기 일어났을 때 일어나는 현기증 등 여자들이 자주 호소하는 불쾌한 증상을 나열하자면 그야말로 끝이 없다. 게다가 이 증상들 대부분이 바로 병원에 가봐야 할 만한 큰 이상이 아니어서 여자들은 그냥 이런 증상과 통증을 참고 넘기는 경우가 많다.

그러다보니 그 불똥이 종종 남자에게 튄다. '이렇게 고통스러운데 왜 그것을 이해 못하는 거야?' '당신은 어차피 이 괴로움을 몰라.' 남자들은 이러한 비아냥거림을 여자에게 듣기도 한다. 아마 남자 입장에서는 '나한테 그런 말 해봤자 어쩔 수 없잖아' 라는 생각에 답답하기만 할 것이다.

그렇지만 생리통에 대해 설명할 때 말했듯이, 설령 여자의 고통을 이해할 수 없더라도 어떤 구조적인 차이로 인해 그런 불쾌한 증상과 통증이 발생하는지 알아두는 것은 중요하다. 또 그것을 이해하고 나서 여자에게 작은 배려나 상냥한 말 한마디를 건넨다면 아마도 당신에 대한 평가는 크게 올라갈 것이다.

이제부터 여자들에게 흔하게 나타나는 몇 가지 증상을 예로 들어 왜 남자와 여자 사이에 차이가 존재하는지 그 원리를 설명하도록 하겠다. 틀림없이 여러 가지를 발견할 수 있을 것이다.

냉증이라는 만성질환

여름이 되면 사무실에서 에어컨 설정 온도를 놓고 남자 직원과 여자 직원이 옥신각신하는 일이 적지 않다. 남자는 적당하다고 느끼는 온도를 여자는 추워하기 때문이다.

여자가 쾌적하게 느끼는 온도가 남자보다 2~3도 높다 보니 여자는 남자보다 추위를 더 많이 탄다. 그 원인을 살펴보면 첫 번째는 여자가 남자보다 근육량이 적은 탓에 몸의 열에너지를 생산하는 능력이 떨어지고, 또 순환하는 혈액량이 적기 때문이다. 두 번째는 심장의 펌프기능이 남자보다 약해서 손이나 발과 같은 말초 부위에 충분히 혈액 공급을 못하기 때문이다. 세 번째는 매달 생리로 인한 철분 손실로 혈액 내 철분 함량이 부족하기 때문이다. 다시 말해서 남자와 여자는 몸에서 생산하는 '열'의 양이 다르다는 뜻이다.

더욱이 여자는 남자에 비해 피하지방 양이 많으며, 배와 엉덩이, 다리 등 지방이 많은 하반신은 냉증이 발생하기 쉽다. 또 심장펌프의 힘이 약하고, 혈액과 림프가 막히기 쉬워서 몸의 수분이 고이게 되며 고인 수분은 차가워지기 쉽다. 이렇듯 여자는 냉증이 발생하는 데 필요한 조건을 아주 잘 갖추고 있다.

남성의 성기는 몸 밖으로 드러나 있다. 온도가 체온보다 낮을 때 정자 생산 능력이 향상되기 때문이다. 하지만 여성의 성기는 몸 안에 있다. 이것은 따뜻하게 해주는 편이 기능을 유지하는 데 좋기 때문이다. 그래서 예부터 '여자는 몸을 차게 해서는 안 돼'는 말을 하는 것이다. 그럼에도 요즈음 여자들은 몸을 차게 하는 경우가 많다. 미니스커트를 입어 다리를 노출하고, 차가운 음료나 음식을 즐겨 먹으며, 날씨가 조금만 더워지면 차가운 에어컨 바람을 쐰다.

여자는 몸이 차가워지면 내장이나 자율신경의 기능이 둔해지고, 몸에 이런저런 질병과 이상증상이 발생할 수 있다. 특히 최근에는 불임으로 고민하는 사람이 늘고 있는데, 냉기에 무방비로 노출된 생활은 불임의 주요 원인 중 하나다. 여하튼 냉기는 여자의 큰 적이다. 여름에 여자들이 에어컨 설정 온도를 올려달라고 하면 순순히 부탁을 들어주기 바란다. 그것이 그녀들의 수태 능력을 높이고, 저출산 문제 해결에 조금은 도움이 될지도 모른다. 지구온난화 방지를 위해 냉방 설정 온도를 26도로 지정한 정부의 정책은 결과적으로 여자를 지키는 정책이 되었다.

여자라면 누구나 한 번쯤 경험해본 빈뇨증과 방광염

여자와 데이트를 할 때 주의해야 하는 것 중 하나가 '화장실에 갈 타이밍'을 어떻게 잡을 것인가 하는 점이다. 장시간 드라이브를 가든, 산이나 바닷가에 가든, 혹은 콘서트나 영화를 보러 가서든 남자는 늘 여자의 방광을 잊어서는 안 된다. 여자는 남자보다 방광에 저장할 수 있는 용량이 적기 때문에 가는 곳이 어디든 화장실이 가까워야 한다. 남자는 한동안 참을 수 있지만, 여자는 남자처럼 참기 힘들다.

여자 화장실이 가까워야 하는 또 다른 이유는 방광염 때문이다. 방광염은 대부분의 여자가 경험한 적이 있다고 해도 될 만큼 여자에게 흔한 질병이다. 여자는 남자보다 요도가 짧고 요도 입구가 항문과 질에서 가까워서, 방광에 세균이 들어가기 쉬우며 염증이 생기기도 쉽다. 업무 중이나 데이트 중에 자리를 뜨기가 어려운 탓에 장시간 소변을 참다가 염증을 악화시키는 경우도 많다. 방광에 염증이 생기면 소변을 볼 때 통증을 느끼고, 소변을 보고 나서도 잔뇨감이 남아 빈뇨증이 생긴다. 항생제를 먹으면 간단히 치료할 수 있지만 사람들 중에는 계속 재발하여 약의 효능이 잘 안 듣는 경우도 있다.

그러므로 남자는 되도록이면 여자가 화장실에 못 가고 참아야 하는 상황이 벌어지지 않도록 주의해야 한다. 예를 들면 추운 곳에서 오랫동안 혼자 접수를 받거나 안내하는 일은 못하게 하는 것이 좋다. 그리고 회사근무 중이나 데이트 중에 여자가 편하게 화장실에 갈 수 있도록 배려해준다면 남자에 대한 호감도가 크게 상승할 것이다. 남자가 식사를 마친 뒤나 영화관에 입장하기 전에 "화장실 괜찮아?" 하고 먼저 한마디 건네기만 해도 여자는 그의 배려를 직접 느낄 수 있다.

변비와 두통

남자 입장에서는 믿기지 않을지도 모르나, 여자들 가운데 변비가 생겨서 일주일 혹은 열흘 동안 화장실 한 번 못 가는 사람이 많다. 사흘이나 나흘 정도 대변을 못 보는 경우는 흔히 있는 일이다. 아무튼 여자는 여러모로 '꾸준히 모으는' 버릇이 있다. 뇌는 물론 몸에서도 '배출과 흡수'가 중요한 법인데 계속 받아들이기만 하고 내보내는 것을 소홀히 하니 필요 없는 것들이 안에 쌓이게 된다.

남자보다 복근이 약하고 배에 힘이 없는 것도 여자들 중에 변비 환자가 많은 이유이다. 스트레스와 냉증, 다이어트로 인한 편식으로 장의 연동운동이 약해져서 변비가 생기기도 한다.

며칠씩이나 변을 몸 밖으로 배출하지 못하고 쌓아둔 채 있으면 당연히 몸에 나쁘다. 변비가 계속되면 장 안에 건강에 안 좋은 세균이 퍼지고 내용물이 부패되면서 가스와 같은 유해물질이 생긴다. 장에 차 있던 가스의 일부는 방귀로 배출되지만, 남은 일부는 장벽으로 흡수되어 혈액과 함께 몸 안을 돌아다니게 된다. 이것은 유독물질이 들어간 혈액을 온 몸에 뿌리는 것과 같다. 독소가 스며들어 오염된 혈액으로 피부가 거칠어지고, 장에 문제가 생긴다. 최근에는 암을 유발하는 원인으로 지목될 정도이다. 장관(腸管)의 벽이 헐면서 면역기능이 저하되고, 외부에서 들어오는 물질에 무방비 상태가 된다. 최근 급증하고 있는 꽃가루 알레르기도 장관면역력이 저하되어 발생하는 것이다.

영양 흡수도 제대로 이루어지지 않아 몸의 대사기능이 떨어진다. 장이 불룩해져서 혈관을 압박하기 때문에 피의 흐름도 원활하지 못하다. 즉 변비는 장을 '불쾌한 증상을 만들어내는 생산 공장'으로 바꾸어 놓는다.

여자들은 이미 변비를 해소하는 구체적인 방법을 따로 설명하지 않아도 잘 알고 있을 것이다. 식물성 섬유를 중심으로 한 균형 있는 식사를 하고, 규칙적인 배변 습관을 들이며, 스트레스가 쌓이지 않도록 주의하고, 규칙적으로 운동을 실시한다. 방법은 잘 알고 있지만 변비는 좀처럼 말끔하게 해소되지 않는다. 역시 여자는 '쌓아놓는 성(性)'이다.

두통을 유형별로 크게 나누면 편두통과 긴장성두통으로 나눌 수 있다. 편두통은 머리 한쪽이 맥박에 맞춰 욱신욱신 아픈 두통을 가리키고, 긴장성두통은 장시간 업무에 시달리거나 스트레스 등으로 인해 세게 조이는 듯한 통증이 느껴지는 두통이다. 두통으로 고생하는 여성이 많은데, 특히 편두통으로 고생하는 여성이 남자에 비해 4배나 많다고 한다.

 편두통이 여자에게 많이 발생하는 이유는 여성호르몬인 에스트로겐과 관계가 있다. 편두통은 주로 생리 전에 에스트로겐 농도가 변하는 시기에 발병한다. 증상의 정도는 사람에 따라 다르지만 계단을 오르내리는 작은 움직임에도 두통이 악화되기 때문에 회사 업무나 집안일 등 일상생활에 지장을 주기도 한다. 일단 두통이 시작되면 짧게는 몇 시간, 경우에 따라서는 2~3일 동안 증상이 계속되기도 한다.

 요즘은 편두통에 잘 듣는 약이 많이 나와 있으니 참지 말고 전문의와 상담하는 편이 좋다. 그리고 주위 가까운 이들이 두통의 고통에 대해서 이해하는 모습을 보여주는 것이 무엇보다 중요하다. 실수로라도 "겨우 두통 가지고…"와 같은 말로 상대의 마음을 상하게 해서는 안 된다.

중요한 순간에 쓰러지는 빈혈과 앉았다 일어나면 어지러운 저혈압

빈혈에는 몇 가지 유형이 있지만 가장 많이 나타나는 것이 철결핍성 빈혈이다. 혈액에서 산소를 운반하는 역할을 하는 것은 적혈구 안의 헤모글로빈이다. 그리고 철은 헤모글로빈을 만드는 원료이다. 철이 결핍되면 헤모글로빈이 적어지고, 산소 공급이 부족해지면서 현기증, 심장의 두근거림, 머리의 무거움, 구토 등의 증상이 발생하게 된다.

철은 산소 운반만이 아니라 뼈와 피부, 점막을 형성하는 데도 관여한다. 구내염이 자주 생기거나 피부가 거칠어진다면 몸에 철이 부족한 탓인지도 모른다. 위장 점막도 약해지기 때문에 식욕이 저하되고 식사량이 줄면서 철 부족 현상은 더욱 심해진다.

또 한 가지 알아둬야 할 것은 철 부족이 신체에만 영향을 미치는 것이 아니라 정신적인 면에도 영향을 미친다는 점이다. 초조해하거나 신경과민 증세를 보이고 무기력해지는 것이 마치 우울증에 걸린 듯 보이지만 사실은 철이 부족하여 에너지가 다운된 것이다.

여자로 태어난 이상 철이 부족한 것은 여자로서 짊어지게 되는 숙명과 같다. 매달 생리로 혈액을 잃어버리고 임신, 출산, 수유하는 과정에서 대량의 철을 필요로 하기 때문에 만성적인 철 부족 현상은 여자로서 피할 수 없는 현실이다. 하지만 현대 여성들은 아침식사를 거르고, 다이어트를 하는 등 철분을 섭취하기 어려운 생활을 하는 경우가 많다. 이런 상황이 더욱 철 부족 현상을 부추긴다. 뽀빠이처럼 시금치를 먹으면 된다고 생각하는 사람도 있겠지만 이래서는 철 결핍에서 벗어날 수 없다. 채소 안에 포함되어 있는 철은 비헴철이라 해서 흡수율이 낮다. 흡수가 잘 되는 헴철은 육류와 간, 해산물에 포함되어 있다. 만약 아내나 여자 친구가 고기는 살이 쪄서 안 먹는다는 근거 없는 말을 하면 "나는 고기를 맛있게 먹고 건강하고 활기 찬 당신이 더 좋아"라고 말해주기 바란다.

손쉽게 철 부족 문제를 해결하는 방법은 철분보충제를 먹는 것이다. 헴철은 과잉증을 걱정할 필요가 없으므로 부족한 철을 편하게 보충할 수 있다. 빈혈로 고생하는 사람에게 꼭 권해주고 싶다.

남자들은 보통 빈혈과 저혈압을 잘 구별할 줄 모른다. 간단히 설명하면 빈혈은 혈액의 '질'이 문제이고, 저혈압은 혈액을 순환시키는 '힘'이 부족한 것이 문제다. 다시 말해 심장에서 혈액을 밀어내는 힘이 약하다는 의미다. 저혈압인 사람은 보통 최고혈압이 100~110mmHg 이하이다. 역시 남자보다 여자에게 많이 나타난다.

저혈압에도 몇 가지 유형이 있지만, 최근에 가장 눈에 띄는 유형은 기립성저혈압이다. 장시간 서 있거나 갑자기 일어섰을 때 머리에 혈액이 부족한 유형이다.

누웠다가 일어나거나 앉은 자리에서 일어날 때 현기증이 발생하는데, 그것은 혈액이 뇌까지 도달하지 못해 발생하는 증상이다. 기립성저혈압은 아침에 잠자리에서 잘 못 일어나는 것이 특징이다.

빈혈과 저혈압의 무서운 점은 갑자기 휘청 몸이 기운다거나 순간적으로 어지러움을 느낀다는 것이다. 갑자기 눈앞이 까매지면서 털썩 쓰러지는 경우도 종종 일어난다. 계단이나 교통량이 많은 도로, 사람이 붐비는 전차 플랫폼 같은 곳에서 쓰러져서 크게 다치거나 대형 사고로 이어지는 경우도 있다.

만약 아내나 여자 친구가 빈혈 혹은 저혈압 증상을 호소하면 바로 몸을 받쳐줘야 한다. 주위 눈을 의식하지 말고 품에 꼭 안아주

자. 당신의 아내나 여자 친구가 아침에 일어나는 것을 힘들어하는 타입이라면 철이 부족하거나 저혈압일 가능성이 크다. 장황하게 불평을 늘어놓거나, 잔소리나 위로를 하기 전에 병원에 가서 진찰받을 것을 권하는 편이 바람직하다. 빈혈과 저혈압은 치료하면 상당히 개선된다.

Chapter 04

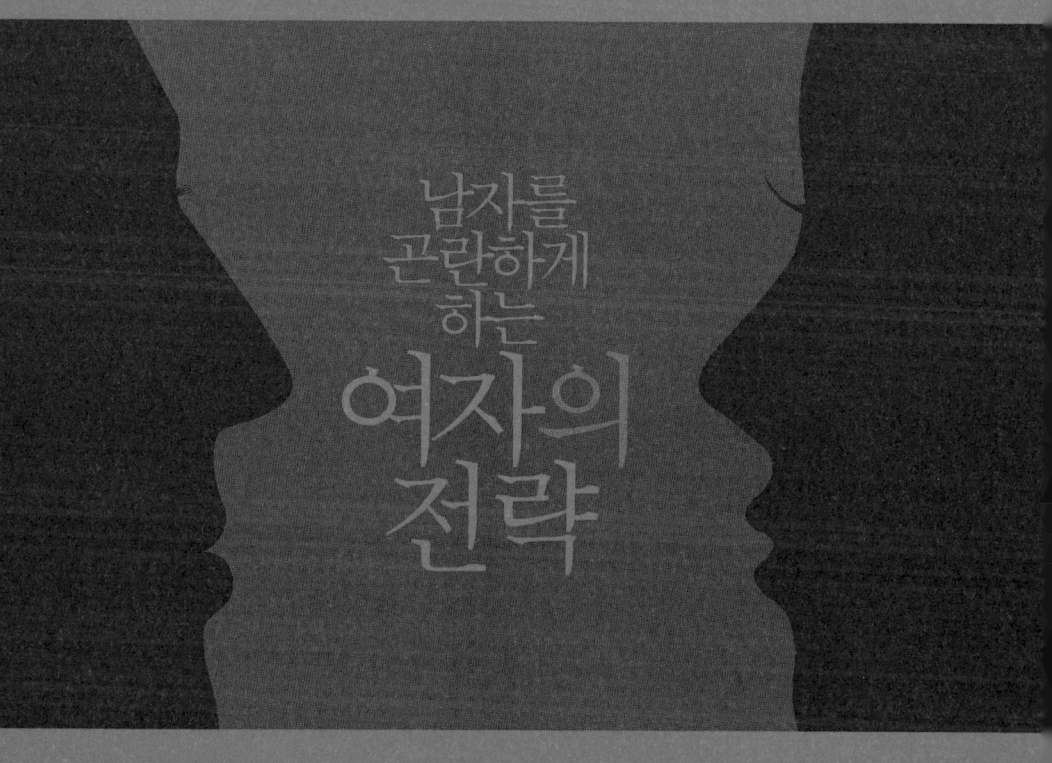

여자는 왜
여자끼리 서로
물고 늘어질까?

여자에게는 모든 것이 비교와 경쟁 대상이다

여자는 질투가 강한 존재이다. 이번에는 여자끼리의 질투심에 대해서 이야기하려 한다.

여자는 여자끼리 유대감이 강하지만, 무의식중에 서로 물고 늘어지는 비열한 행동을 한다. 질투가 강한 여자들은 회사 내 메일로 특정 여자 사원을 비방하거나 중상모략하기도 하고, 겉모습만 그럴듯한 신입사원을 괴롭히기도 한다. 여고생들이 동급생을 따돌리는 것도, 주부들이 마음에 들지 않는 이웃을 심술궂게 대하는 것도 마찬가지다. 어쨌든 여자들이 모여 '무리'를 만든 곳에는 뒤로 다른 사람을 헐뜯고 방해하는 일이 발생하고 다툼이 벌어지는 일이 허다하다.

도대체 왜 그런 것일까?

나중에 자세히 설명하겠지만, 여자의 뇌는 '욕구가 충족되면 쾌감을 얻는 신경회로'인 보수계(報酬系)가 발달하여 '욕구'가 커지기 쉬운 구조로 되어 있다. 즉 생물학적으로 '욕심쟁이'라는 의미다. 욕구가 커지기 쉽다는 것은 그만큼 허영과 경쟁심이 강해지기 쉽다는 것이다. 간단히 말해서 '부럽다'는 감정이 고조되기 쉽다는 뜻이다.

여자에게는 재능, 남편의 연봉, 살고 있는 집, 아이의 성적 등 모든 것이 비교 대상이자 경쟁 대상이 된다. 자신이 다른 사람보다 열등하다 생각되면 부러움이 커진다.

단순히 '부럽다' 정도라면 괜찮다. 그 부러움이 '선망'이나 '시기심'으로 발전하면 상대방을 헐뜯고 훼방 놓고 싶어지는 음습한 감정이 생겨난다. 그리고 질투가 절정에 달하면 상대를 공격하고 싶은 충동을 스스로 억제하지 못하게 된다. 만약 상황이 그리 되면 이미 손 쓸 수 없는 지경에 이른 것이므로, 남자는 그저 수수방관한 채 여자들의 언쟁이 부디 진정되기를 기원할 수밖에 없다.

여자는 상대방을 끌어내림으로써 자신을 지킨다

여자의 부러움이 상대를 끌어내리고 싶은 시기심으로 변할 때는 동료가 갑자기 행복해지거나 주위의 평가가 올라갔을 때이다.

앞에서 잠깐 언급했지만, 여자들로 구성된 사회에서는 모든 것이 동등해야 한다는 원칙이 있다. 혼자 눈에 띄려 한다거나, 남자의 관심을 끌려고 하면 그 순간 모든 동료들에게 따돌림을 당한다. 여자들의 강한 유대는 '당신도 나와 같다'는 공감을 바탕으로 형성된다. 그러므로 혼자 지나치게 성공하거나 큰 행복을 누리는 것은 허용되지 않는다. 주위로부터 '어째서 저 사람만…'이라는 시기 어린 시선을 받는 즉시 질투의 대상이 되어 괴롭힘을 당하게 된다.

참고로 수직 사회에서 살아가는 남자는 경쟁할 때 상대를 끌어내리려 하기보다 상대를 밀어내고라도 자신이 위로 올라가고 싶어 한다.

그런데 수평 관계인 사회에서 살아가는 여자들은 상대를 자신과 같은 수준으로 끌어내리고 싶다는 의식이 강하다. 이것은 같은 수준으로 만들어 수평계로 돌려놓고 싶다는 수평의 원리가 작용한 것이다.

즉 여자들은 흔히 상대의 가치를 떨어뜨려서 자신을 지키려 한다. '결국 당신도 나와 같잖아'라고 느껴지는 수준까지 상대를 끌어내려서 자신에 대한 평가와 자존심을 지키려 하는 것이다.

'끝까지 모른다'고 잡아떼는 것만이 남자가 살아남는 길이다

남자는 여자끼리 서로 물고 늘어지는 다툼이 눈앞에서 일어날 때 어떻게 대응하는 것이 좋을까? 가령 여직원이 많은 회사에서 이런 싸움이 벌어진다면 상사인 당신은 무척 난감할 것이다.

결론부터 말하면, 그렇게 심각하게 걱정할 필요 없다.

여자들의 싸움은 잘 보면 대부분 여자들의 파벌 싸움이다. 집단

주도권을 놓고 싸우거나 신구 세대 교체가 싸움의 원인인 경우는 섣불리 참견하지 말고 모른 척하고 멀리 떨어져 있는 것이 좋다.

왜냐하면 여자들은 자신에게 집단이 필수불가결한 존재라는 사실을 잘 알고 있으며, 집단의 평화와 결속이 중요하다는 사실 역시 잘 알고 있기 때문이다. 그냥 내버려두면 자정 능력을 발휘하여 나름대로 해결점을 찾아내서 문제를 해결하는 경우가 많다. 그래서 대참사가 벌어지는 일은 거의 없다.

게다가 이런 분쟁은 대체로 수면 아래에서 이루어지며 파벌끼리 미묘한 균형을 유지하면서 싸우기 때문에, 섣부르게 끼어들어 균형을 무너뜨리면 오히려 사태가 복잡해질지도 모른다.

그러므로 만약 당신이 상사라 해도 업무에 지장을 주지 않는 한, 끝까지 모른 척하는 편이 신상에 좋다.

단, 여자들의 싸움이 남자가 얽힌 치정 싸움이면 피를 보게 될 가능성도 적지 않으므로 주의가 필요하다.

남자를 사이에 놓고 질투로 언쟁을 벌이는 경우는 서로 치고받는 싸움으로 번질 수도 있나. 상소가 직장이든 사람이 오고가는 길 한복판이든 전혀 신경 쓰지 않는다. 질투에 미쳐 분별을 잃은 여자가 무슨 일을 저지를지 아무도 모른다.

상황이 이렇게까지 커져버리면 남자 혼자서 감당할 수 없다. 에도시대 장군의 본부인과 첩이 후계자 자리를 놓고 싸우던 것과 마찬가지로 섣불리 참견했다가는 남자까지 당할 수도 있다. 어쨌든 말려들지 않도록 주의할 필요가 있다.

여자는 왜
화장 상태 하나에
기분이 좌우될까?

화장은 수컷을 유혹하기 위한 전략?

화장이 만족스럽게 된 날은 기분도 좋고 회사에서도 의욕이 넘친다. 하지만 화장이 잘 받지 않고 뜬 날은 마음이 무겁고 회사에서도 기운이 없다. 볼에 뾰루지라도 생긴 날에는 밖에 나가기도 싫어진다.

남자는 이 심리를 이해할 수 없을 것이다. 화장 하나로 그렇게까지 여자의 행동이 달라지는 것이 신기하게 생각될 것이다.

그러면 먼저 화장이 여자에게 얼마나 중요한지부터 설명하겠다.

아득히 먼 옛날에는 귀신을 쫓기 위한 액막이나 몸을 보호하기 위한 수단으로 화장을 했다. 하지만 근현대에는 주로 여자가 남자를 유혹하기 위한 수단으로 사용된다.

대부분의 동물은 암컷이 수컷을 선택하게 되어 있다. 수컷은 암컷의 시선을 끌기 위해 자신을 강하고 아름답게 보이도록 꾸며야 하기에 사자 수컷의 갈기는 길고, 공작새 수컷의 날개는 아름답고 화려하며, 제비 수컷의 꼬리는 길다. 그런데 인간은 반대이다. 기본적으로 수컷이 암컷을 선택하게 되어 있다. 인간의 암컷은 생식 기간이 한정되어 있으며, 번식을 위해서는 난자가 신선한 편이 좋다. 그래서 인간 수컷은 젊은 암컷을 좋아한다.

원숭이의 경우는 다르다. 원숭이 암컷은 갱년기가 없다. 일생 동안 현역이라는 의미다. 게다가 젊은 암컷보다 나이가 든 경험 있는 암컷이 육아에 능숙하다. 원숭이 수컷은 꼭 젊은 암컷만을 고집하지 않는다.

인간 암컷은 수컷의 관심을 끌기 위해서 어려 보이게 꾸며야 한다. 어린아이처럼 매끄러우면서 투명한 핑크빛 피부로 보이기 위해 파운데이션을 바르고 파우더를 두드리고 볼터치를 바른다. 그래서 피부를 투명하게 보이도록 도와주는 파운데이션 같은 화장품이 생겨났다. 말이 나온 김에 말하자면 원숭이 암컷은 발정하면 엉덩이의 성기가 붉게 부푼다. 이것을 보고 수컷도 발정하여 교미를 한다. 하지만 인간 암컷은 두 다리로 서 있기에 엉덩이가 보이지 않는다. 그러면 어떻게 발정이 난 것을 알릴 수 있을까? 바로 입술이다. 얼굴에서 유일하게 붉은 부위는 입술이다. 탄력 있는 피부에 빨간 입술, 립스틱을 발라 더욱 붉게 만들어 수컷의 관심을 불러일으킨다.

얼굴 중에서 가장 먼저 눈길이 가는 부위는 눈이다. 가장 인상에 남는 부위 역시 눈이다. 그래서 여자들은 열심히 눈 화장을 한다. 또렷하게 눈매를 강조한 클레오파트라의 눈가를 보면 알 수 있다. 매력적인 눈으로 남자의 마음을 사로잡으려는 속셈이었던 것이다.

남자는 자신이 기획한 일이 순조롭게 진행되지 않으면 조바심이 나고 심기가 불편해진다. 여자도 자신의 계획이 잘 풀리지 않으면 기분이 언짢아진다.

화장이 잘 되면 여자의 뇌에서 도파민이 생성된다. 이 쾌감 호르몬은 의욕을 불러일으키기 때문에 회사 업무나 집안일을 적극적으로 하려는 의지가 솟아난다. 성형으로 젊고 아름답게 변신한 여자는 마음까지도 적극적이고 긍정적으로 바뀐다고 말한다. 그와 마찬가지로 화장으로 젊고 아름답게 '변신' 했다는 쾌감이 마음까지 적극적이고 긍정적으로 바꿔놓는다. 남자의 뇌는 여자의 변화에 매료되어 구애 행동이 크게 달라진다. 이렇게 도식화되는 것이다.

남자는 화장의 작은 차이를 구별하지 못한다

남자와 여자의 화장에 대한 인식에는 큰 차이가 있다.

앞에서 말한 바와 같이 여자의 뇌는 눈앞의 사소한 것을 인식하는 능력이 뛰어난 데 비해 남자의 뇌는 사소한 곳까지 주의가 미치지 못한다.

남자의 뇌는 약간의 화장으로 여자의 얼굴이 바뀌어도 잘 알아보지 못한다. 머리 스타일이 바뀌어도 눈치 채지 못하는 남자가 있을 정도이니, 파운데이션을 바꾸거나 마스카라로 눈썹을 풍성하게 만드는 정도의 변화는 아예 인식하지 못한다고 할 수 있다. 그런데 여자의 뇌는 작은 차이를 금방 알아챈다. 파운데이션으로 얼굴 톤만 정리해도 "오늘은 평소와 다르네."라고 말할 정도로 바로 그 차이를 인식한다.

그런 의미에서 보면 현대의 화장은 수컷의 눈을 의식한 행동이라기보다 옆에 있는 암컷을 의식한 행동인지도 모른다. 차이를 모르는 남자를 위해 화장을 해봤자 시간과 노력을 투자한 보람이 없으니, 차이를 아는 여자를 상대로 조금이라도 더 아름답게 꾸며서 만족감을 느끼려는 것이다.

그렇다 해도 남자에게 화장에 대해 칭찬을 받으면 기쁘다. 마스카라나 파운데이션 같은 자잘한 차이는 몰라도 괜찮다. 남자가 "오늘은 왠지 평소와 달라 보이는데."라고 한마디 건네면 여자는 "호호호, 눈치 챘어?"라며 바로 기뻐한다.

어쨌든 여자란 화장으로 변신이 가능한 존재다. 겉모습뿐만 아니라 마음도 변한다. 화장에 대한 사소한 칭찬 한마디가 여자의 기분을 하늘과 땅만큼 달라지게 한다. 소소한 차이라도 놓치지 않도록 노력하기 바란다.

여자는 왜
갑자기
화를 낼까

편하게 대했을 뿐인데
왜 성희롱이라는
오해를 받는 것일까?

뇌의 감도 차이에서 비롯된 오해

남자는 "와, 화장 잘하네."라고 칭찬을 했을 뿐인데, 상대방이 성희롱이라며 흥분해서 난리를 피웠다는 이야기가 있다. 남자는 가벼운 마음으로 여자의 아름다움을 칭찬한 것이겠지만, 그것은 전혀 칭찬하는 말이 아니다. 여자는 '그렇다면 화장하지 않은 맨얼굴은 봐줄 수 없을 정도라는 소리야?'라는 의미로 받아들이기 때문이다. 민낯을 보이고 싶지 않아서 화장을 했으면서 화를 내는 것은 모순이다. 한편 당한 남자는 이유도 모른 채 입만 벌리고 있을 뿐이다.

그러나 남자에게 이런 상황은 그냥 웃어넘길 일이 아니다.

이것은 남녀 뇌에 있는 감정 감지기의 감도가 다른 데에서 비롯된 오해이다. 앞에서 전교련이라는 '감정통로'가 남자보다 여자가 더 넓다는 말을 했다. 이 말은 여자가 감정 정보에 대한 감지 능력이 더 뛰어나다는 뜻이다. 감정에 둔감한 남자가 갑작스럽게 상대에 대한 배려도 없이 던진 말에 여자가 상상조차 할 수 없을 정도로 민감하게 반응하는 것은 충분히 있을 수 있는 일이다. 특히 과거에 남자에게 불쾌한 일을 당한 적이 있는 여자는 불쾌한 기억과 이미지를 제멋대로 부풀려서 확대 해석하는 경향이 강하다. 그래서 남자는 평소처럼 행동했을 뿐인데 여자 쪽에서는 기분 상해 하거나 성희롱으로 받아들이는 것이다.

뇌 구조의 차이에서 비롯된 오해라 해도 여자가 늘 과민반응을 보이면, 남자는 어떤 반응이 돌아올지 걱정이 돼서 여자에게 농담은커녕 말조차 편하게 걸지 못할 것이다. 무슨 말을 하든 예민하게 경계해야 한다면 부담스러워서 누가 말을 건넬 수 있겠는가.

이래서는 남자와 여자의 거리가 좁혀지지 못하고 더욱더 멀어질 것이기에, 가볍게 웃어넘길 수 없다.

인기 있는 남자는 성희롱에 휘말리지 않는다

그렇다면 도대체 어떻게 하는 것이 좋을까?

남자는 먼저 후각을 단련해야 한다.

후각을 단련한다는 것은 간단히 말해서 여자와 대화를 나눌 때 '이 여자는 어느 선까지 농담이 통할지'를 의식적으로 가늠하며 이야기를 해야 한다는 뜻이다. 여자의 '감정증폭장치'가 어느 정도 반응하느냐는 사람에 따라서 다르다. 가벼운 외설적인 농담을 대수롭지 않게 받아들이는 여자가 있는 반면 그렇지 못한 여자도 있다. 그러므로 조금 귀찮더라도 상대 여자가 어떤 성향인지 가늠하면서 말을 하도록 한다.

여기서 말한 후각은 상대 여자가 '어느 정도까지 허용하는지'를 탐지하기 위한 후각을 말한다. 다시 말해 어느 선까지 해도 괜찮을지, 어느 선까지 받아들여 줄지를 탐지하는 수컷의 후각과 같다.

후각감지기가 발달한 남자는 여자의 허용 한계점이 어디까지인지 알아내기 위해서 수고를 아끼지 않는다. 교묘하게 말을 건넨 뒤에 여자가 그 말에 어떤 반응을 보이는지 하나하나 관찰하여 어디까지면 괜찮은지 찾아낸다. '이것이 한계점이다'라고 생각하면 그 선을 넘지 않고, '더 해도 괜찮겠다' 싶으면 상황을 보면서 조금씩 상대의 사정거리 안으로 들어간다.

그래서 인기 있는 남자는 대부분 성희롱에 휘말리지 않는다. 인기 있는 남자는 여자를 평가하는 후각이 단련되어 있다. 후각감지기를 사용하여 여자와의 거리를 가늠하는 데 능숙해서 여자에게 봉변을 당하는 일이 거의 없다.

요즘은 여자의 상태를 탐색하는 시간과 노력을 귀찮아하는 게으른 남자들이 많다. 이래서는 권투선수가 상대와의 거리도 측정하지 않고 아무 생각 없이 계속 주먹을 휘두르는 꼴이다. 당연한 말이지만 여자는 경계심을 풀지 못한 채 몸을 지키기 위해 무조건 대응책을 강구하게 된다. 그래서 귀찮다는 이유로 후각을 사용하지 않는 남자는 부지불식간에 여자에게 반격을 당하기 쉽다.

말하지 않으면 이해하지 못한다

이런 상황에서 여자가 해야 할 일은 '감정증폭장치'의 작동을 되도록이면 억제하는 것이다. 남자의 악의 없는 말을 지나치게 확대 해석하는 것은 대부분 과거에 불쾌한 기억이 있어서 '다시 불쾌한 일을 당할지 모른다'는 불안과 경계심이 작동한 탓이다. 여자는 불안에 대한 자기방어 작용으로 남자의 말에 거부 반응을 나타낸다. 즉, 상처 받는 것이 두려운 것이다.

이것을 바꾸는 가장 좋은 방법은 남자와의 대화에서 즐거움을 느끼고 좋은 경험을 쌓아서 부정적인 기억을 긍정적인 기억으로 덧칠하는 것이다. 그러기 위해서는 사랑을 하는 것이 가장 효과적이나, 일종의 이미지 트레이닝을 하는 것도 좋다. 긍정적인 기억을 되풀이하여 떠올림으로써 경계심이 풀어지면 몸에 두르고 있던 가시투성이 갑옷을 벗을 수 있을 것이다.

여자는 남자와 대화 나누는 것을 필요 이상으로 두려워해서는 안 되며, 남자는 여자와 대화를 나누는 데 드는 시간과 노력을 귀찮아해서는 안 된다. 무엇보다 가장 슬퍼해야 할 사태는 남녀가 아예 대화를 포기하는 경우이다. 말하기를 꺼려하고 서로 부딪치는 것을 두려워해서는 아무것도 바뀌지 않는다. 남자와 여자가 적극적으로 대화를 나누고자 노력을 기울여야 한다.

말을 하지 않으면 알려고 해도 알 수 없는 법이다. 중요한 것은 서로 대화를 포기해서는 안 된다는 사실이다.

   남자와 여자는 다르기 때문에 흥미롭고 예상치 못한 일들이 벌어진다. 서로 생각이 일치하지 않기 때문에 그 벽을 극복하는 과정을 통해서 각자의 세계가 넓어지는 것이다. 서로의 차이를 알고 그 특징을 알면 성희롱 문제는 차차 감소하리라 생각한다.

여자는 왜 '착한 아이'가 되고 싶어 하는가?

여자는 주위의 기대를 저버리지 못한다

초등학생일 때 학급에서 싸움이 일어나면 꼭 여자아이 한 명이 선생님에게 고자질하러 가고는 했다. 초등학교 학급이 사회조직으로 바뀌었어도 크게 달라지지 않는다. 누구에게도 싫은 얼굴을 하지 않고, 모두에게 인정받는 불평불만 없는 우등생. 이띤 문제에 휘밀릴 것 같으면 재빠르게 안전지대로 도망쳐 책임을 모면한다. 자신에게 버거운 일이 있으면 필요할 때만 호의를 보이고 의지한다. 남자들 중에 "여자는 왜 언제나 자신만 착한 아이가 되고 싶어 하냐."며 내심 불쾌하게 생각하는 사람도 있을 것이다.

　여자들 중에 우등생인 착한 아이가 많은 것은 주위 환경이 착한 아이이기를 바라기 때문일 것이다.

여자는 어릴 때부터 주위 기대에 필사적으로 부응하려 애쓴다. 어린아이였을 때는 '말 잘 듣고 부모에게 칭찬받는 착한 아이'였고, 학교에 들어가서는 '공부 잘하고 선생님께 칭찬 받는 착한 아이'였다. 어른이 돼서도 '일 잘하고 상사에게 칭찬받는 회사원'이며, 이어서 '좋은 아내' '좋은 엄마'가 되려고 한다.

앞에서 언급한 바와 같이 여자는 다른 사람이 자신에 대해 어떤 평가를 내리는지 항상 신경 쓰며, 집단 안에서 자신의 자리를 유지하려 하고, 뇌 속에 자기 평가에 대한 회로가 발달되어 있다. 여자는 무엇보다 먼저 자기 평가를 중요하게 생각하기 때문에, 주위에서 자신이 '착한 아이'이기를 바란다면 그 기대에 부응해야 한다는 일념으로 착한 아이가 되고자 노력한다. 한편으로 '기대에 어긋나면 어쩌나', '나에 대한 평가가 나빠지는 건 아닐까' 하는 강한 불안에 휩싸이게 된다.

다시 말해 그녀들은 주위 기대를 저버리면 안 된다는 강박관념에 사로잡혀 착한 아이로 행동하는 것이 거의 습관처럼 몸에 배어 있는 것이다.

피로가 쌓이기 쉬운 E형 행동유형

언제나 착한 아이로 사는 것은 매우 피곤한 일이다.

여자들 중에 다른 사람에게 칭찬받고 싶다, 인정받고 싶다는 생각에 자신도 모르게 무리해서 노력하다가 엄청난 스트레스와 피로가 쌓인 사람도 많다.

이에 대해서 재미있는 연구가 있어서 소개하려 한다.

'E형 행동유형'이라는 연구로, 몸과 마음에 피로가 쌓이기 쉬운 행동유형에 대한 것이다. 여기서 'E'라는 것은 '모두(Everybody)'를 위해 '무엇이나(Everything)' 노력한다는 의미에서 붙인 것이라 한다. 이것은 미국의 여성 심리학자인 해리엇 브레이커가 주장한 의견이다. 여자는 원래 다른 사람에게 잘 보이고 싶어 하는 의식이 강해서, 회사 업무는 물론 집안일과 육아에서도 '모두를 위해 무엇이든' 떠맡아 책임을 다하기 위해 부지런히 노력한다. 하지만 열심히 노력한다 해서 반드시 주위로부터 좋은 평가를 받는 것은 아니다. 'E형' 여자는 기대했던 평가를 받지 못하면 바라던 평가를 받을 때까지 더욱 열심히 노력하기 때문에 끝내는 완전히 지쳐 쓰러진다고 한다.

다시 말해 'E형 행동유형'은 주위 사람들의 평가를 걱정해서 누구에게나 친절하게 행동하고 무슨 일이든 열심히 노력하는 착한 아이의 전형이라 할 수 있다.

참고로 남자는 피로가 쌓이는 유형이 조금 다르다. 남자에게는 주위의 이런저런 평가보다 다른 사람과의 생존경쟁에서 살아남는 것이 중요하다. 그래서 치열한 경쟁사회에서 살아남기 위해 무서운 기세로 돌진하다가 끝내는 지쳐 쓰러지는 유형이 많다. 이것이 유명한 'A형 행동유형'이다. 늘 시간에 쫓기며 생활하고, 경쟁심을 불태우며, 정력적으로 일에 몰두하다가 심근경색과 협심증 같은 심장병으로 쓰러질 위험이 높다.

A형 남자, E형 여자 모두 과로로 쓰러지는 것은 같지만, 남자는 수직사회의 생존경쟁에 지치고 쇠약해져서, 여자는 수평적인 유대관계와 평가를 지나치게 의식한 나머지 무리하게 노력하다가 완전히 지치게 된다. 여자와 남자는 노력을 기울이는 방향도 상당히 다르다.

여자는 칭찬에 굶주려 있다

착한 아이 타입인 여자에게 노력의 원동력이 되는 것은 다른 사람에게 칭찬받고 싶은 바람이다.

다른 사람에게 칭찬받는 것은 자신의 존재를 평가받고 인정받는다는 의미다. 주위의 평가에 속박된 여자의 뇌에 그 이상의 쾌감은 없다. 실제로 칭찬을 받으면 도파민을 비롯한 여러 가지 신경전달물질이 활성화되어 뇌 회로가 긍정적으로 성장하는 것으로 알려져 있다. 칭찬은 뇌에 가장 좋은 자양분이다. 착한 아이 타입인 여자는 어렸을 때부터 이 쾌감을 바랐으며 그것을 자양분 삼아 성장하였다. 부모님이나 선생님께 칭찬받기 위해서 노력한 것이다.

이에 비해서 남자는 자기 만족감이 쾌감이 된다. 남자들은 여자 입장에서 봤을 때 '왜 저런 걸 모으면서 즐거워하지?' '왜 저런 귀찮은 일을 하고 싶어 하지?' 하는 의문이 드는 일에 빠져서 혼자 희희낙락하고는 한다. 사람들이 '마니아'라고 부르는 사람을 보면 대체로 남자인 경우가 많다.

문제는 여자가 '착한 아이'로 열심히 노력하고 있는데도 불구하고 사람들에게 칭찬을 받지 못할 때이다.

사회에 나오면 칭찬받을 기회가 줄어든다. 가정이나 학교와 달리 회사에서는 단순히 열심히 일만 해서는 인정받지 못한다. 노력이 성과로 이어지지 않으면 칭찬해주지 않는다. 결혼하여 가정을 이룬 뒤에 집안 살림과 육아를 아무리 잘해봤자 당연하다는 취급을 받는다. 남편을 비롯해 아무도 자신을 인정해주지 않으며 칭찬도 해주지 않는다.

누구에게도 인정받지 못하는 문제는 여자로서의 존재 가치와도 관련이 있다. 주부들 가운데 '어차피 애써봤자 누구도 나에게 고마워하지 않고 인정도 해주지 않아…' 라고 스스로 자기 평가를 내리고, 그 결과에 스트레스를 받아 자율신경실조증이나 우울증과 같은 스트레스 질환에 시달리는 사람도 있다. '착한 아이'로 길러진 여자들은 칭찬에 굶주려 있다.

그러므로 여자를 칭찬하는 것은 매우 중요하다.

동양 남자들은 여자를 칭찬하는 것이 서툴다는 소리를 많이 듣는데, 조금만 칭찬하는 요령을 익히면 그렇게 어렵지 않다.

먼저 여자를 칭찬하는 데 있어 기본은 그 사람의 존재 자체를 긍정하는 것이다. 예를 들면 '당신이 있어서 정말 큰 도움이 됐어'라든가 '당신이 있어서 다행이야'와 같이 여자가 그곳에 있는 의의와 가치를 칭찬하는 것이 좋다. 여자는 틀림없이 자신의 가치를 재확인할 수 있고, 잃어버렸던 자신감을 회복할 수 있을 것이다.

다음으로 중요한 것은 여자의 외모를 칭찬하는 것이다. "오늘은 어쩐지 멋있어 보이는데." "그 옷 정말 잘 어울리는군." 이렇게 티 나지 않게 자연스럽게 칭찬해주면 여자의 뇌는 남자가 상상할 수 없을 정도로 큰 쾌감을 느낀다.

한 가지 더 조언을 하자면 먼 훗날 당신 자신에게 이득이 될 만한 칭찬을 하면 좋다. 예를 들면 "당신은 웃는 얼굴이 가장 아름다워."라고 말하면, 그녀는 아름답게 보이기 위해 당신 앞에서 늘 웃으려 할 것이며, "당신의 요리는 세상에서 최고야."라고 칭찬하면 그녀는 더 맛있는 요리를 만들어주어야겠다고 마음먹을 것이다.

꼭 여자뿐만이 아니라 다른 사람을 자주 칭찬하면 나중에 당신에게 플러스가 된다. 꼭 그것을 염두에 두고 칭찬하는 것은 아니지만, 결과적으로 그렇게 되는 경우가 많다. 이것은 어떤 사람에게 호감을 가지면, 상대방도 호의를 갖게 된다는 '상호호감'의 원칙이다. 상대방에게 호감을 얻으면 앞에서 말한 성희롱으로 오해 받는 일이 현저하게 줄어든다.

스스로를 위해서도 칭찬하는 기술을 연마해보는 것은 어떨까?

여자가
'나와 일 중에서
어느 쪽이 중요해?' 라고
따지는 이유

일만 잘하면 되는 시대는 끝났다

남자들은 회사일이 문제없이 잘 진행되면 업무 이외의 것은 만족해하는 것 같다.

  회사일이 순조로우면 다른 모든 것도 순조롭다. 회사 업무만 탈없이 무사히 처리하면 그 외 나머지 일 역시 어떻게든 될 거라 믿는 경향이 있다. 그래서 다른 것에는 눈길도 주지 않고 회사 업무에 전념한다. 자신이 일만 열심히 하면 아내나 여자 친구를 행복하게 해줄 것이라 믿어 의심치 않는다.

  원래 '남자의 일'이란 그런 것이었다. 사냥하러 가서 사냥감을 들고 돌아와 고기를 가족에게 나눠주면 모든 것이 행복했다.

  그러나 지금은 그렇지 않다.

과거처럼 남자가 모든 것을 희생하면서까지 열심히 일하지 않아도 여자 혼자 충분히 생활을 꾸려갈 수 있다. 굶을 걱정이 사라지면서 여자가 남자에게 요구하는 역할이 바뀌었다. 일에만 온 관심을 기울이는 남자에게 '조금 더 나를 보아 달라'는 요구를 하게 되었다.

여자가 일에만 얽매여 있는 남자에게 불평처럼 꼭 하는 말이 있다. "나와 일 중에서 어느 쪽이 더 중요해?" 혹은 "회사와 가정 중 어느 쪽을 선택할 거야?" 이런 말이다.

당신도 아내나 여자 친구에게 이런 다그침을 받고 곤혹스러웠던 기억이 있을 것이다.

한 가지 일에만 집중하는 남자와 동시에 여러 가지 일을 하는 여자

여자는 둘 중 하나를 고르라고 하지만 당연히 양쪽 모두 중요하다. 남자에게는 일이 있어야 연인이 있고, 일이 있어야 가정이 있다. 반대의 경우도 마찬가지다. 그렇기에 둘의 무게는 천칭저울에 올려놓고 잴 수 있는 것이 아니다.

그런데 여자는 왜 대답할 수 없는 질문을 하는 것일까?

남자와 여자의 뇌가 집중하는 방식이 다르기 때문이다. 남자는 놀던 일을 하던 한 가지에만 집중하는 성향이 강하다. 텔레비전을 집중하여 보고 있을 때 아내나 여자 친구가 말을 걸면 아마도 남자는 속으로 '입 좀 다물어주면 좋겠어'라고 생각할 것이다. 이것은 지금 몰두하고 있는 것에 신경을 집중하고 싶어 하는 남자 뇌의 특징이다.

남자의 뇌는 좌뇌와 우뇌의 역할 분담이 비교적 확실하게 되어 있어서 전문성이 높은 일을 하는 데 적합하다. 그래서 놀던 일을 하던 무언가 흥미를 느끼는 것에는 뛰어난 집중력을 발휘할 수 있다. 남자들 중에 자동차나 컴퓨터, 게임기 등 기계를 좋아하거나 한 가지에 심취한 마니아가 많은 것도 이 때문이라 할 수 있다. 반면 집중하고 있는 일 이외의 것은 종종 잊어버린다. 다시 말해서 남자는 한 가지 일에 집중하는 데는 뛰어나지만, 두세 가지 일을 동시에 처리하는 데는 서투르다.

이에 비해서 여자는 두세 가지 일을 동시에 처리하는 데 능숙하다. 그래서 텔레비전을 보면서 손으로는 음식을 준비하고 입으로는 남자와 대화를 나누는 것이 가능하다. 여자는 텔레비전 앞에 앉은 남자가 텔레비전 보는 것 이외에는 아무것도 못하는 것이 신기할 따름이다.

여자가 몇 가지 일을 동시에 할 수 있는 것은 좌뇌와 우뇌가 서로 잘 연결되어 있어서 뇌의 넓은 영역을 사용할 수 있기 때문이다. 여자의 뇌는 언제나 많은 정보 중에서 어떤 정보를 고를 것인지 이리저리 고민하는 성향이 있다. 그래서 무슨 일이든 조금이라도 흥미를 느끼면 관여하려 든다. 그 덕분에 많은 정보를 수집하고 처리하는 업무에는 큰 힘을 발휘하지만, 한 가지 일을 끝까지 진득하게 해야 하는 업무에는 그다지 어울리지 않는다. 한 가지 일을 하다가 삼천포로 빠질 때가 너무 많다.

한 번에 한 가지 일에만 집중이 가능한 남자는 일할 때는 일이 전부이다. 한창 일하는 중에는 여자 친구의 얼굴도 잊어버릴 정도다. 하지만 한 번에 여러 가지 일을 동시에 처리할 수 있는 여자는 일도, 사랑도, 가정도 모두 동시에 챙긴다. 가령 회사 업무에 한창 집중하고 있다가도 쉽게 다른 일을 시작할 수도 있고, 동시에 진행도 할 수 있다. 남자는 신기하게 여기겠지만, 업무나 취미에 집중하면서도 24시간 연인의 얼굴을 잊지 않을 수 있다.

즉 '나와 일 중에 어느 쪽을 고를 거야?' 라는 물음은 '일' 과 '사랑' 을 나란히 생각할 수 있고 양쪽 모두 선택할 수 있는 여자의 뻔뻔한 질문이다.

무성영화의 왕인 찰리 채플린은 이혼을 3번 하고 결혼을 4번 했다. 이혼의 주요 원인은 약속을 잘 지키지 않았기 때문이라 한다. 채플린은 영화 제작에 빠져서 데이트나 약속을 잊어버리기 일쑤였고, 일을 마무리하고 정신을 차렸을 때는 이미 약속시간을 훌쩍 넘기는 일이 많았던 모양이다. 마지막 아내였던 우나만이 채플린의 그런 습관을 이해하고(포기한 것일지도 모른다) 싸우지 않았다고 한다.

클리닉에 오는 여성 환자 중에도 '저녁 늦게 들어오는 남편을 기다리며 혼자 저녁 식사하는 공허함', '일요일에도 남편은 회사에 불려나가고 혼자서 주말을 보내는 외로움' 을 호소하며 무엇을 위해 결혼했는지 모르겠다고 말하는 사람이 있다.

여자는 '이 사람과 함께 사는 의미가 있는가?' 에 대해 고민하지만 남자는 고민하지 않는다. 남자는 여자의 공허함이나 외로움을 이해하지 못한다.

'혼자 좋아하는 것을 하면 되잖아. 문제 될 거 없고만.' 이렇게 생각하는 것이 남자의 논리다.

그러나 이런 말을 하는 남자는 얼마 안 있어 버림받을 것이다. 아이는 부부간의 연결고리가 되지 못한다. 현대 여성들은 아이를 데리고 집을 나가거나, 집에서 남편을 쫓아내는 데 주저함이 없다.

선택받고 싶다는 바람을 만족시켜준다

그러면 남자는 어떻게 대응하는 것이 좋을까?

먼저 '여자'와 '일' 중 어느 쪽을 선택하겠냐는 질문에는 대답할 필요가 없다. 어느 한쪽을 선택하라지만 어차피 선택하는 것은 무리이기 때문에 다른 대답을 준비해두어야 한다.

남자는 '나와 일 중 어느 쪽을…'이라는 질문의 뒤에 숨겨진 여자의 마음을 읽어야 한다. 양쪽 모두 중요하다는 사실을 여자도 잘 알고 있다. 남자가 고를 수 없다'는 것을 알면서 어느 한쪽을 선택하라는 것은 마음속으로 외로움과 불안을 느끼고 있기 때문이다. 그 마음에 초점을 맞춰야 한다.

역시 중요한 것은 공감이다. 여자가 지금 어떤 심정으로 그런 말을 하는지 공감하는 모습을 보여주는 것이 좋다. "당신을 외롭게 해서 미안해." "당신이 불안한 것은 당연해. 하지만 괜찮으니 걱정 마." 이와 같이 되도록이면 여자의 심정을 떠올려보고 먼저 공감을 표현하도록 한다. 그런 모습을 일관되게 보이면 머지않아 여자도 '이 사람은 나를 이해하고 있구나' 하고 안심할 것이다.

또 "나인지 일인지 결정해."라는 말은 결국 '선택받고 싶다'는 바람을 돌려서 표현한 것이기도 하다. 원래 여자는 선택하는 성이 아니라 선택받는 성이다. '나만 선택받고 싶다' '내가 특별한 존재라는 사실을 인정받고 싶다'라는 여자의 욕구는 놀랄 정도로 강렬하다. 그러므로 남자는 이 욕구를 충분히 충족시켜 주고 안정감을 심어주어야 한다.

되도록이면 말로만 끝내지 말고 행동으로도 보여주기 바란다. 함께 놀이공원에 가거나, 쇼핑을 같이 하는 것도 좋은 방법이다. 가끔은 여자를 위해 봉사하는 날을 정해두고 휴대전화 전원을 꺼놓는 것도 좋다. 남자 중에 여자와 쇼핑하는 것이 고문이라고 생각하는 사람이 있다면, 여자가 어떤 물건에 돈을 지불하는지 마케팅 조사하러 나왔다고 생각하면 도움이 될 것이다. 자신의 일에 도움이 될 수도 있고, 경제의 동향을 파악할 수 있는 좋은 기회가 될지도 모른다.

아무리 싫은 일이라도 이점은 있기 마련이다. 잘 살펴보면 자신은 물론 상대방에게 도움이 되는 일일 수도 있다.

회사 일이 바쁘더라도 여자의 생일이나 결혼기념일 등 기념일은 반드시 확인해두기 바란다. 새해에 다이어리를 바꾸면 가장 먼저 생일과 기념일을 기록하도록 하자. 휴대전화의 일정 관리에도 입력한다. 기념일을 무리해서 기억하려 애쓸 필요 없다. 어차피 회사 업무에 쫓기다 보면 잊어버릴 것이 뻔하다.

하는 김에 자신의 생일도 입력하여 상대방에게 어필하자. 여자는 선물 받기를 좋아한다. 또한 '입어주지도 않는 스웨터'를 짤 정도로 여자에게는 누군가에게 줄 선물을 고민하는 것도 큰 즐거움이다.

Chapter 05

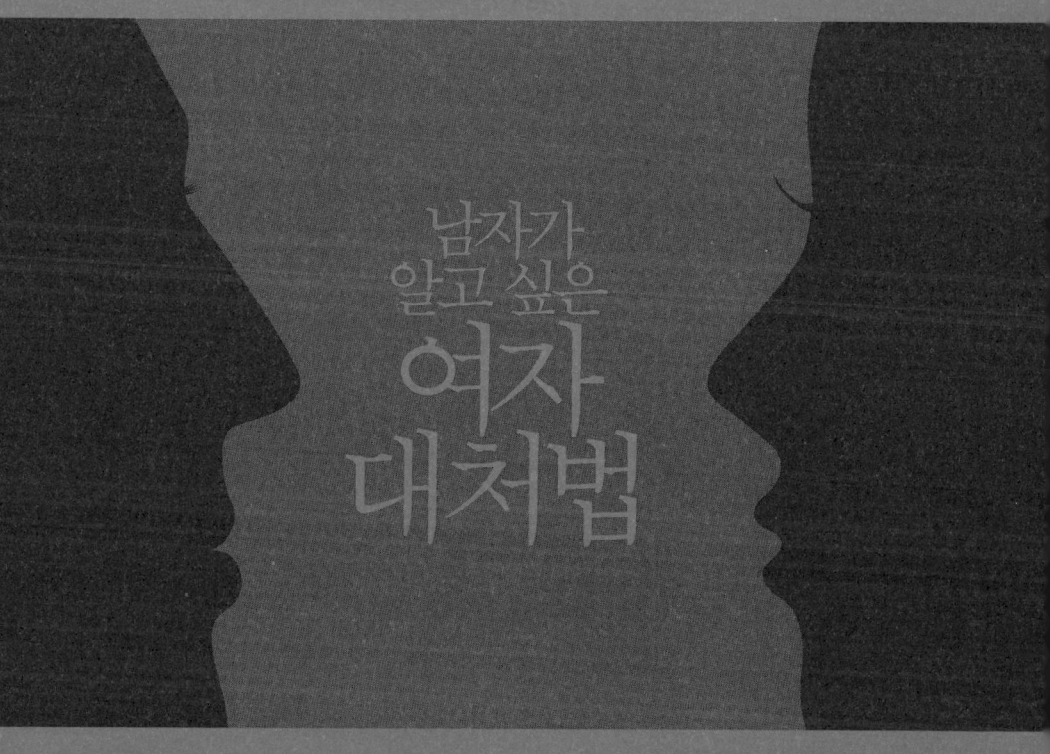

여자는 왜 명품 가방을 갖고 싶어 하는가?

남자에게는 귀찮기 이를 데 없다

어느 시대나 여성은 옷과 가방으로 몸을 꾸미기를 원한다. 특히 그것이 명품이라면 무언가에 홀린 사람마냥 눈빛이 달라진다. 이미 비슷한 옷과 가방을 잔뜩 갖고 있음에도 신제품이나 한정판이라는 이유로 또 갖고 싶어 하는 여자도 있다.

물건에 대한 여자의 집착은 남자에게는 귀찮기 짝이 없는 일이다.

여자가 본인의 용돈으로 구입하는 거라면 그래도 낫다. 아내나 여자 친구의 집요한 요구에 맞춰 원하는 것을 일일이 사줘야 한다면 정말 참을 수 없는 일이다. 아마도 그 자리에서 지갑이 텅 비어 버릴 것이다.

여자가 옷이나 가방에 열광하는 모습을 보면 어쩐지 두려움마저 느껴진다. 도대체 이 달갑지 않은 열의는 어디에서 샘솟는 것일까?

그것을 풀 열쇠는 신경전달물질인 도파민에 있다.

여자의 뇌는 물질적 욕망이 강해지기 쉽다

앞에서 거듭 이야기했듯이 도파민은 '쾌감 호르몬' '기대감 호르몬' 이라 불리며 인간의 욕망이나 성취감과 깊은 관계가 있다. 도파민은 몇 가지 신경회로를 따라 전달되는데, 쇼핑을 하거나 원하는 물건을 골랐을 때 뇌의 '보수계' 라는 회로의 도파민이 활성화되는 것으로 밝혀졌다.

'보수계' 란 앞으로 받게 될 보수, 즉 보상을 미리 짐작하여 쾌감을 느끼는 회로이다. 다시 말해 '저 옷을 입으면 잘 어울릴 거야' 라든가 '이 가방을 들고 나가면 사람들이 많이 부러워하겠지' 같은 기대감이 도파민의 영향으로 더 높아지는 회로이다. 보수계 회로는 남자의 뇌보다 여자의 뇌 쪽이 발달하여서 욕망이 더 강렬해질 가능성이 높다.

여기에는 앞에서 설명한 '전교련' 과 관련이 있다. 감정 연결통로인 전교련은 '좋다 · 싫다' '원한다 · 원하지 않는다' 와 같은 욕망에 관한 정보를 처리하는데, 여성의 감정 연결통로가 더 커서 더 많은 정보를 전달할 수 있다. 원하는 사물에 관한 정보를 뇌로 더 많이 전달한다는 의미다. 게다가 전교련 부근에 흐르는 보수계의 도파민은 뇌로 전달되는 정보에 기대감이나 쾌감 등의 자극을 준다. 그에 따라서 '이거 갖고 싶다, 저거 갖고 싶다.'는 욕구가 더욱 증폭된다.

다시 말해 여성의 뇌는 본디 욕구에 관한 정보를 많이 내보내는 데다가, 도파민의 접근이 용이해서 그 욕구가 커지기 쉽다는 뜻이다. 여성의 욕구가 향하는 곳은 옷이나 가방, 액세서리 같은 물건이다. 이런 물건을 원하게 되면 그 욕구가 점차 커지고, 욕구가 커지는 만큼 그것을 소유하게 되었을 때 느끼는 도파민에 의한 쾌감도 커진다.

대체로 여성들이 '쇼핑 의존증'에 빠지는 경우가 많은데, 이것 역시 남성보다 보수계 회로가 발달한 것과 무관하지 않다. 쇼핑할 때의 쾌감을 잊지 못하고 다시 그 쾌감을 느끼고 싶다는 마음에서 자신도 모르게 고액의 물건을 구입하게 된다. 어느덧 쇼핑하는 행위 자체가 쾌감이 되는 것이다.

여자가 옷이나 가방 한두 개에 만족하지 못하고 몇 개씩이나 갖고 싶어 하는 데는 또 다른 이유가 있다. 동물행동학에서 유명한 이야기로, 수탉은 하루에 60회 이상 교미를 할 수 있다. 하지만 같은 암탉하고는 한 번에 5회 이상 교미하지 못한다. 다른 암탉이 나타나면 새로운 암탉하고는 다시 교미할 수 있다. 이것을 '수탉효과'라고 한다. 더 많은 상대와 교미하여 더 많은 유전자를 남기려는 수컷의 습성이다.

인간의 경우 여자는 마음에 든 파트너를 독점하고 싶어 하므로, 남자가 그런 식으로 상대를 바꾸면 곤란하다. 한 번에 수정하는 난자와 정자는 보통 하나이며, 한 달에 한 번만 가능한 만큼 여자는 우수한 유전자를 고르기 위해 까다롭고 신중하게 파트너를 선택하기 때문에 곤란한 일이 아닐 수 없다.

그래서 남자의 마음을 사로잡기 위한 수단으로 옷을 갈아입거나 가방을 바꾸기도 하고, 헤어스타일이나 화장법을 바꿔서 다른 여자처럼 보이도록 꾸민다. 일종의 '눈속임'이다. 남자는 매번 새로운 상대라고 인식하여 싫증내지 않고 몇 번이나 교미를 하는 것이다.

남자는 물건보다 지위나 명예, 신분, 돈에 대한 욕구가 강하다. 그런 것을 가지고 있어야 여자가 다가오기 때문이다. 남자에게 지위, 명예, 돈은 수컷 공작의 날개와 같다. 많은 암컷이 다가와야 더 많은 유전자를 남길 수 있는 기회가 생긴다.

남자는 통장의 숫자를 보고 눈을 빛내며 '자산 ○백억 원'이라는 평가에 도취된다. 반면 여자는 '시가 ○천만 원'인 다이아몬드를 보고 눈을 반짝이고, 그것을 몸에 걸친 자신의 모습에 도취된다.

뇌에 있는 A10신경에서 분비되는 도파민은 앞에서 말한 전교련을 지나, 감정중추인 편도체와 뇌 안에서 의욕의 뇌로 불리는 측좌핵을 자극하고, 사고(思考) · 창조(創造)의 뇌인 전두전야에 전달된다.

결국 인간의 모든 행동은 보수계 도파민의 지배를 받고 있다 해도 지나친 말이 아니다.

명품을 좋아하는 진정한 이유

여성이 물건에 욕심이 많은 이유는 이제 이해했으리라 생각한다. 그래도 아직 남자로서는 왜 여성이 그처럼 명품을 좋아하는지에 대해서는 납득이 가지 않을 것이다. 남자에게는 샤넬이든 구찌든 크게 중요하지 않다. 모두 비슷비슷해 보이는 가방을 몇 개씩이나 가지고 있어 봐야 무엇이 그리 기쁘다는 건지 알 수 없다.

여자의 이런 심리에는 다음과 같은 이유가 있다.

앞에서도 언급했지만 공감 능력이 발달한 여성은 주위 평가에 대단히 신경을 쓴다. 자신과 상대방 중 누가 더 뛰어난지 늘 비교하고, 자신이 그 집단에서 어느 정도 위치에 있는지를 확인하려 한다.

특히 같은 여성에게 던지는 시선은 엄격하다. 아무리 친한 친구여도 누가 더 나은지 우열을 가리려 한다. 표면적으로는 주위 사람들과 잘 어울리고 있어도 수면 아래에서는 언제나 '저 여자보다는 내 쪽이 낫지.' '저 여자한테는 좀 밀리는 걸.' 하고 자신과 다른 여자를 비교하느라 바쁘다.

그리고 여자들은 옷과 가방, 액세서리 등 몸을 치장하는 것이 우열을 판단하는 가장 가치 있는 지표라고 생각한다. 그중에서도 명품을 갖는다는 것은 다른 사람들에게 인정받는 신분이 됐음을 나타내는 표시이다. 여성에게 명품 옷이나 가방은 자신의 가치수준을 유지하기 위한 도구인 셈이다. '이 명품 가방을 가지고 있는 나는 그만큼 가치 있는 여자다.' 라는 사실을 주위에 알리고 싶어 하는 것이다.

또 여성이 주위 사람이 가지고 있는 명품 옷이나 가방을 똑같이 가지고 싶어 하는 데에도 이유가 있다.

수렵채집생활을 하던 시대에는 남자가 사냥하러 나가면 여자와 아이들이 남아서 마을을 지켜야 했다. 남은 여자들에게는 집단의 결속을 강화해줄 무언가가 필요했다. 여자들 집단에서 패션은 '동일해야 한다'는 것이 원칙이었다. 왜냐하면 다른 옷차림으로 혼자 눈에 띄려 하면 바로 '남자의 시선을 끌려 한다.'고 해서 따돌림을 당하기 때문이다. 그 시대에 따돌림을 당한다는 것은 죽음을 의미한다. 그래서 여자는 몸을 아름답게 치장하는 한편, 늘 다른 사람의 패션을 살펴보고 주위 동료와 너무 차이가 나지 않도록 세심한 주의를 기울였다. 여성들이 모두 비슷한 헤어스타일을 하거나, 유행하는 옷을 입기도 하고, 비슷한 명품을 원하는 것은 '주위와 너무 차이가 나서는 안 된다'는 방어본능이 작용하기 때문이다.

그래도 '모두 똑같으면 따분하기에 조금이라도 차이를 두고 싶다'는 여자의 '허영'을 완전히 억누르지는 못했다. 그래서 여성들은 언뜻 보기에는 별 차이가 없어 보이는 매우 소소한 부분에서 차별화를 꾀했다. 예를 들면 같은 가방이라도 한정품은 금장 버클이 다르다든가, 똑같은 화장품이라도 '신제품'이라든가, 모두 똑같은 재킷을 입을 때는 아래에 받쳐 입는 티셔츠를 화려하게 입는 등 기본적으로 주위와 비슷한 것을 갖고 싶어 하면서도 세밀한 부분에서 조금이라도 차이를 두려고 고심한다.

남자들은 '아니 왜 그런 바보 같은 짓을…. 그런 게 달라봤자 남자는 그 차이를 눈치 채지 못할 텐데…' 하고 생각할 것이다. 하지만 여성은 그 작은 우월감에서 커다란 만족감을 느낀다. 그리고 남자는 그 바보 같은 만족을 위해서 마지못해 돈을 지불하는 것이다.

여자는 선물로 성장한다

여성의 끝없는 물질적 욕망에 남자는 어떻게 대처하는 것이 좋을까? 당연히 명품 가방을 몇 개씩이나 사줄 필요는 없다. 그렇지만 여성의 '허영심'을 위해서 어느 정도 돈을 투자하는 자세는 필요하다.

원래 '물건을 산다' '물건을 선물로 받는다'는 행위는 뇌를 크게 활성화시킨다. 갖고 싶었던 것을 살 때 여성의 눈이 평소보다 반짝이는 것은 도파민이 증가하고 있다는 증거이다. 뇌의 신경회로가 자극과 경험, 학습에 따라 성장하는 것을 '가소성(plasticity)'이라 하는데, 앞에서 말한 도파민의 쾌감자극이 가소성을 촉진시킨다. 바라던 바를 이루었을 때 느끼는 '기쁨'은 뇌가 긍정적으로 생각할 수 있는 힘을 키워준다는 의미이다.

그래서 아내나 주위 여성과 원만한 관계를 유지하기 바란다면 선물을 통해서 '기쁨'을 이따금 선사하는 것도 좋은 방법이다. 단, 원하는 물건을 힘들이지 않고 간단히 소유할 수 있는 상황에서는 도파민이 분비되지 않으며, 뇌도 활성화되지 않는다. 왜냐하면 도파민이 늘 분비되면 감수성이 둔해지기 때문이다. 그러므로 매번 선물을 해서는 안 되고, 어디까지나 '가끔' 선물을 주는 것이 바람직하다.

　좋든 나쁘든 여성은 선물로 변하는 존재다. 결혼기념일이나 생일과 같은 '이따금 찾아오는 기념일'이면 충분하니, 그런 날에는 겸사겸사 아내나 여자 친구가 원하는 명품을 선물해보는 것은 어떨까? 그 기쁨은 여성의 뇌를 크게 성장시킬 것이며, 그와 함께 당신에 대한 평가도 쑥 올라갈 것이다.

여자는 왜
메뉴를 고르는 데
오래 걸릴까?

'저게 좋아… 하지만 역시 이걸로 할래.'

여성의 뇌는 '선택하는 것'에 서투르다. 몇 가지 선택 안 중에서 한 가지를 고르는 것을 무척 힘들어한다. 그래서 여성은 "있잖아, 어느 쪽이 좋을 것 같아?" "난 못 정하겠어. 당신이 정해줘." 같은 말을 자주 한다.

남자들은 레스토랑에 갔을 때 메뉴조차 제대로 결정하지 못하는 여자 친구나 아내 때문에 짜증이 났던 경험이 많을 것이다.

여자는 "이거 맛있을 것 같아. 하지만 역시 이걸 주문할까 봐…"라며 한참 동안 고민한 끝에 주문해놓고는 막상 음식이 나오면 "이런, 실패네. 역시 다른 걸 주문할걸 그랬어."라고 말한다. 이럴 때면 당신은 틀림없이 '이제 그만하지!'라고 한소리하고 싶어질 것이다.

도대체 여자는 왜 사소한 결정을 그렇게까지 망설이고, 혼자서는 무엇 하나 제대로 결정하지 못하는 것일까?

여자는 '선택하기' 보다 '선택받고' 싶어 한다

여자가 이거다, 하고 하나를 콕 짚어 결정하지 못하는 이유는 원래부터 욕심이 많아서다. 여성은 기본적으로 '하나'가 아닌 '전부'를 원한다. 레스토랑에서 메뉴를 선택할 때도 사실은 요리 전부를 맛보고 싶은데, 하나만 고르라고 하니 딜레마에 빠져서 망설이는 것이다. 이것은 남자를 고를 때도 마찬가지다. 받을 수 있는 유전자는 하나. 그만큼 신중할 수밖에 없기에 여간해서 고르기가 쉽지 않다. 그래서 여자는 유전자를 결정하기 전에 이런저런 방법을 동원해서 상대를 까다롭게 시험해보려 한다.

여자가 선택에 서툰 데에는 또 다른 이유가 있다. 여자는 원래 '선택하기' 보다 '선택받는 성(性)'이 되고 싶어 한다. 앞에서도 말했듯이 동물의 세계에서는 보통 암컷이 수컷을 선택하지만, 인간은 표면상 수컷이 암컷을 선택하게 되어 있다. 그래서 '선택받기' 위해 남자를 유혹하는 여러 가지 전략이 여성의 뇌 속에 프로그램화되어 있다.

더욱이 대부분의 포유류 암컷이 발정기와 배란기가 일치하는 데 비해 여자는 유일하게 자신의 배란기가 언제인지 모르는 동물이다. 배란기가 언제인지 모른다는 것은 임신 여부를 스스로 결정할 수 없다는 의미다. 만약 임신을 원하지 않는다면 성행위를 거부하든가, 그렇지 않으면 배란 자체를 중지시키는 수밖에 없다. 이런 경우 '거부권'은 있어도 '선택권'은 없는 셈이다.

거부권을 발동한 전형적인 예가 거식증이다. 남자가 볼 때는 매우 희한한 병이 아닐 수 없다. '먹는다'는 가장 기본적인 욕구를 억누르면서까지 살을 빼서 무엇이 되고 싶은지, 또 그렇게 살을 빼서 무엇을 하려는 것인지 묻고 싶어진다. 선택권이 없는 '임신'이라는 신체적 변화를 수용할 만큼 정신적으로 성숙하지 못한 경우, 굶어서 지방을 줄이는 방법으로 배란을 중지시킨다. 배란을 하지 않으면 절대로 임신이 되지 않으니, 언제까지나 어린아이 상태로 있을 수 있다(피하지방의 양과 배란은 관계가 있다).

남자는 생식에 관해서 '선택권'이 있다. 자손을 원하면 성행위 할 때 사정을 하면 되고, 원하지 않으면 사정을 하지 않으면 된다. 음식을 먹지 않는다고 해서 달라질 것은 없다.

바꿔 말하면 여성이 아무리 아이를 갖고 싶어도 남자가 성행위 중에 사정을 하지 않으면 임신할 수 없다. 그래서 여성은 남자의 '청혼'을 기다린다.

결국 여성은 '수용하는 성'이고 '선택받는 성'이다. 여성에게는 '선택하는' 것보다 '선택받는' 쪽이 우선과제이므로, 본능적으로 '선택하기'보다 '선택받는' 쪽의 입장을 생각하게 되는 것이다.

간단히 말해서 여자는 '선택하기'보다 '선택받고' 싶어 한다.

여자는 무언가 골라야 할 때 누군가 대신 선택해주면 고민할 필요가 없어서 편해한다. 한번에 정하지 못하고 한참 망설일 것을 본인도 잘 알고 있기 때문이다. 그래서 '선택하는 쪽'보다 '선택받는 쪽'이 번거롭지 않아 좋다.

여자는 사소한 것을 쌓아놓는다

'선택하지 못한다'는 것은 '버리지 못한다'는 의미이기도 하다

  버리지 못하면 불필요한 것들이 점점 쌓이게 된다. 주방으로 가서 서랍을 한번 열어보기 바란다. 슈퍼마켓 비닐봉지, 마트 할인쿠폰과 전단지, 작년에 제비뽑기에서 당첨된 할인교환권 등 '아니, 이런 걸 언제까지 보관하고 있을 셈이야.'라고 생각되는 물품이 잔뜩 들어 있지 않은가? 냉장고 구석에도 한참 전에 유통기한이 지난 식품이 들어 있다….

  여자는 원래 잘 버리지 못하고 모아 놓는 성향이 강하다. 생활습관만이 아니라 몸과 뇌 역시 '축적 모드'로 설정되어 있다고 할 수 있다.

  사람들은 흔히 겨울 산에서 소난당하면 남자보다 여자의 체력이 강할 거라고 말한다. 이는 배고픔과 추위에 견딜 수 있도록 몸에 피하지방이 축적되어 있기 때문이다. 이와 마찬가지로 여성은 무엇이든지 '앞으로 언제 고난이 닥칠지 모르니 미리 많이 모아 놓아야 한다.'고 생각한다.

  예를 들면 맛있어 보이는 열매가 나뭇가지가 휠 정도로 매달린 나무가 눈앞에 서있다고 가정해보자. 여자는 나중에 먹을 것이 없

을 때를 대비해서 지금 당장 가능한 한 최대로 따서 저장해두려 할 것이다. 지금은 필요 없지만 '언제 필요하게 될지 모른다.'고 생각되는 물건들은 무조건 서랍에 넣어놓으려 한다. 다 먹은 쿠키통, 빈병, 자투리 천, 쓰다만 건전지… 이런 잡동사니를 버릴 수 없다면서 모두 모아놓는 바람에 어느새 서랍은 '언제 필요할지 모르지만 당장은 쓸모없는 물건들'로 가득 차게 된다. '버리고 나면 나중에 꼭 필요해진다' 라는 머피법칙에 사로잡혀 있다.

여성의 '모으는 습성'은 뇌의 정보처리 방식에서도 뚜렷하게 나타난다.

여성은 필요하던 필요치 않던 모든 정보를 무조건 입력해 놓는다. 지금은 필요 없는 정보여도 언제 필요로 하게 될지 모른다. 그러니 우선 많은 정보를 수집해 두었다가 언제든지 꺼낼 수 있는 곳에 쌓아 놓자 – 여성의 뇌는 늘 이런 식으로 머릿속 서랍에 정보를 가득 채워 놓으려 한다.

그것은 여성의 뇌가 많은 정보를 처리할 수 있는 능력을 갖추고 있기 때문에 가능한 일이다. 앞에서 언급했듯이 여성은 좌뇌와 우뇌를 모두 사용해서 정보를 처리하기 때문에 더 많은 정보를 다룰 수 있다. 그렇지만 대수롭지 않은 정보들까지 잔뜩 모아놓아서 종종 어떤 것이 필요하고, 어떤 것이 필요 없는지조차 구분할 수 없는 지경에 이르게 된다. 머릿속이 주방의 서랍과 비슷한 처지가 되는 것이다.

그래서 모아놓은 것을 적절하게 내보내는 것은 여성에게 매우 중요하다. 이런 면에서 봤을 때 여성이 수다를 통해서 수집한 정보를 부지런히 내보내는 행위는 반드시 필요하다고 할 수 있다. 여성의 수다는 뇌 서랍에 쌓여 있는 재고를 정리 세일하는 것과 같다. 자질구레한 것들을 끊임없이 이야기하는 것처럼 보이지만 그것은 여성이 그동안 모아놓았던 정보를 밖으로 출력하는 귀중한 시간이다.

생각해보면 여성이란 원래부터 대수롭지 않은 것들을 잔뜩 모으고, 대수롭지 않은 것들을 잔뜩 내보내도록 만들어져 있는지도 모르겠다.

선택하지 못하기 때문에 버리지 못한다. 버리지 못하기 때문에 쌓인다. 쌓이기 때문에 수다로 배출한다. 그리고 수다를 나누기 위해서 많은 정보를 수집해야 하고, 다시 버리지 못한 정보가 점차 쌓여간다.

남자에게는 좀처럼 이해할 수 없는 일이지만, 많은 정보의 입력과 출력이 가능한 것은 여성의 뇌가 가지고 있는 특징이다.

여자는 왜
사소한 일로
속상해할까?

여자는 스트레스를 쉽게 느낀다

앞에서 여성은 '중요하지 않은 것들을 모아놓는 성'이라고 말했는데, 중요하지 않은 것의 대표적인 예가 스트레스다.

아마 당신도 '어째서 여자들은 자잘한 일로 전전긍긍하는지' 이상하게 생각한 적이 있을 것이다. 예를 들면 "오늘 과장한테 잔소리를 들었어. 저 사람이 나를 싫어하는지도 몰라……"라든가, "프레젠테이션 중에 창피를 당했어. 역시 나한테 이 일은 안 맞는 것 같아……", "나만 이웃 주부들의 다과회에 초대받지 못했어. 어쩌면 나 따돌림 당한 건지도 몰라."와 같은 그냥 흘려보내도 될 일을 심각하게 받아들인다. 혹은 언뜻 보기에 모순된 행동을 하는 경우도 있다. 미용실에 가면서 '미용사가 이상하게 생각할지도 모르니까 가기 전에 머리 감고 가야지'라든가, 백화점에 옷을 사러 갈 때도 입고 갈 옷을 고르느라 한참 망설인다. 예를 들자면 끝이 없다. 당연히 스트레스에 강한 여성도 많이 있고 스트레스에 약한 남자도 있다. 그렇지만 여성이 매일 반복되는 생활 속에서 사소한 일로 스트레스를 받기 쉬운 성향을 가지고 있는 것만은 틀림없다.

그것은 다음과 같은 뇌 구조 때문이다.

원래는 뇌의 편도체라는 곳에서 스트레스를 촉진시킨다. 편도체는 '좋다·싫다' '안정·불안' '기쁨·슬픔' '괴로움' '두려움'이라는 감정을 판단하는 곳으로, 특히 부정적인 생각을 부풀리기 쉽다. 여성은 이 부분의 감수성이 남자의 2배인 것으로 알려져 있다. 그래서 대단치 않은 사소한 일이어도 약간 불안을 느끼면 스트레스 정보로 감지한다.

또 편도체에서 정보를 내보내는 통로 역할을 하는 것이 전교련이다. 앞에서 소개했듯이 여성의 뇌는 이 통로가 굵어서 한 번에 많은 감정 정보를 흘려보낼 수 있다. 감지한 스트레스 정보는 이 굵은 '통로'를 지니면서 기세가 세지거나 부피가 늘어나기도 한다. 그래서 필요 이상으로 불안이 증폭되기도 하고 제멋대로 부정적인 생각에 깊이 빠지기도 한다.

다시 말해 여성의 뇌는 일상의 자질구레한 일 하나하나를 스트레스로 받아들이기 쉽다. 게다가 스트레스를 확대해서 받아들이는 경향이 있다. 이렇게 쌓인 스트레스를 억누르기 위해서는 신경 전달물질인 세로토닌이 필요하나, 여성은 세로토닌 분비량이 남자보다 적고 생리주기의 영향으로 분비 리듬도 불안정하다.

　남자가 보기에는 대수롭지 않은 사소한 일에 여자가 전전긍긍하는 것은 뇌의 이런 번거로운 구조 때문이다.

여자의 스트레스 감지기는 민감하다

일상의 자질구레한 일에 스트레스를 받기 쉽다고 해서 단순히 '여성이 스트레스에 약하다'는 의미는 아니다. 스트레스에 약한 것은 오히려 남자 쪽일지도 모른다.

　왜냐하면 여성이 작은 스트레스에도 예민하게 반응한다는 것은 스트레스에 대한 감지기가 발달되어 있다는 뜻이기 때문이다. 여성은 이 예민한 감지기 탓에 스트레스가 아직 초기 단계일 때부터 몸과 마음에 이런저런 불쾌한 증상이 나타난다. 여성은 늘 '이게 불만이다' '여기가 아프다'라고 말할 정도로 자잘한 불쾌한 증상을 달고 생활한다. 불쾌한 증상을 날마다 하소연하는 대신에 스트레스가 큰 병이나 죽음으로 이어지는 일은 비교적 적다. 거기에 비하면 전교련 통로가 좁아 스트레스 탐지 능력이 떨어지는 남자는 자잘한 스트레스 가지고는 심신의 불쾌한 증상을 호소하지 않는다. 하지만 스스로 깨닫지 못하는 사이에 점점 스트레스가 쌓여서 우울증이나 과로사로 이어질 때까지 자신을 내모는 경향이 있다. 깨달았을 때는 이미 너무 늦어서 손쓸 방도가 없을 정도로 스트레스가 심해진 상태이다.

　여성이 스트레스에 민감한 것은 스트레스가 심해지는 것을 방지하는 위기관리 기능 중 하나이다. 작은 불안에도 재빠르게 반응하여 위험신호를 보내고 스트레스가 회복 불가능할 정도로 심해지지 않도록 예방해준다. 여성은 이것저것 속상해하고 불평하면서 심신의 불쾌한 증상을 하소연하지만, 그 덕분에 남자보다 더 건강하고 오래 살 수 있는지도 모른다.

여자의 온갖 고민의 원인은 인간관계

이와 같이 남성과 여성은 스트레스를 받는 방식과 호소하는 방식이 다르지만, 스트레스를 받는 원인에도 조금 차이가 있다.

남자들은 주로 업무 능력의 격차 때문에 스트레스를 받는다. 이것은 아주 먼 옛날로 치자면 사냥 솜씨, 현대에서는 얼마나 돈을 버느냐 하는 문제다. 다시 말해 얼마나 유능하게 가족을 부양할 수 있느냐는 것이다. 그래서 회사 일이 순조롭게 풀리지 않거나, 회사에서 존재 가치를 부정당하면 남자는 쉽게 상처받고, 스트레스를 받는 경우가 많다.

이에 반해서 여성은 나른 무엇보다 인간관계에서 주로 스트레스를 받는다. 앞에서도 언급했듯이 수렵채집생활을 하던 시대에 여성은 공동체 안에서 자신이 어느 정도의 위치에 있는지, 자신을 싫어하는 사람은 없는지, 자신은 어느 정도 평가를 받고 있는지 항상 신경을 쓰면서 지냈다. 여성이 아이를 낳고 양육하기 위해서는 마을의 평온한 환경이 꼭 필요했다. 만약 동료들에게 미움을 받아 마을 밖으로 쫓겨난다면 아이를 보살필 수 없을 뿐만 아니라 자신도 살아남을 수 없다. 그래서 여성은 공동체의 평화를 어지럽히지 않도록 대인관계에 세심한 주의를 기울이고, 자신에 대한 다른 사람들의 평가에 늘 신경을 썼다.

상사와 동료와의 관계, 제대로 평가받지 못하는 회사 업무나 집안일, 고부간의 갈등, 이웃들과의 교류…… 이런 인간관계 문제에서 여성들이 늘 고민하는 이유는 공동체 안에서 '자신의 자리'를 지키려는 본능이 작용하기 때문일 것이다.

여성은 화목을 가장 중요하게 생각한다. 소속된 공동체 안에서 다툼이나 분쟁이 일어나는 것을 경계하느라 언제나 눈을 번뜩이고 귀를 쫑긋 세운다. 만일 무언가 문제가 발생하면 그 작은 사회의 평화를 어떻게 회복할 것이며, 어떻게 자신의 자리를 유지할 것인지에 대해 머리를 싸매고 고민한다. 결국에는 해결책을 찾지 못하고 갈팡질팡하다가 점점 스트레스만 심해진다.

아마 당신도 여성에게 이런 고민을 들은 적이 있을 것이다. 분명히 당신은 '그렇게 작은 공동체 안에서 무슨 고민을 저리하나' 싶었을 것이다.

공동체 안에서 좁은 인간관계밖에 보지 못하는 여성과 달리, 남자는 멀리 사냥하러 나가기 때문에 공동체 밖의 상황을 잘 알기에 넓은 관점에서 문제를 파악할 수 있다.

그러므로 만약 여성이 (단순히 들어주기만을 바라는 불평이 아닌) 진심으로 고민하고 있다고 생각되면 더 넓은 시야에서 문제를 바라볼 수 있도록 도와주어야 한다. "내가 있으니까 그 모임에서 나오게 되도 두려워하지 마." "저기 높은 산에 올라갔다 오면 당신이 지금 하고 있는 고민이 전혀 달리 보일거야." 이처럼 티 내지 않고 자연스럽게 그녀가 좁은 세계에서 벗어날 수 있도록 돕는 것이 바람직하다.

한걸음 나와 틀 밖에서 보면 경치가 전혀 달리 보인다. 바라보는 시점이 달라지면 의외의 곳에 문제의 해결책이 있음을 깨닫게 되는 법이다. 그것을 깨닫게 도와주는 것이 남자의 역할이다.

여자들은 왜
화장실이나 탕비실에서
소곤거릴까?

여자의 대화 방식

여자가 길거리에서 우연히 동성의 친구를 만났다고 가정해보자.

"꺄악, 오랜만이야!"

"꺄악, ○○ 아니니? 와아, 이런 우연이!"

"웬일이니, 이런 곳에서 다 만나고."

"정말 신기하다. 어디 가는 길이야?"

"응, 남편이랑 약속이 있어서."

"진짜? 언제 결혼했는데."

"뭐야, 몰랐어? 그게 있잖아……"

모든 말이 감탄사로 구성된 듯한 대화를 당신은 따라갈 수 있겠는가?

이처럼 서로 속마음을 잘 알고 있는 여성들이 모이면 이야기하는 내내 감탄사와 비명으로 자리가 떠들썩하다. 모임 장소가 공공장소여도 전혀 주의를 기울이지 않는다. 주변 사람들이 눈살을 찌푸려도 그다지 신경 쓰지 않는 모습을 종종 보게 된다. '여자 셋이 모이면 접시가 깨진다'는 말이 괜히 있는 게 아니다.

남자 입장에서 보면 단지 오랜만에 만났을 뿐인데 이처럼 야단법석을 떨 필요가 있는지, 또 왜 그렇게 흥분하는지 이해할 수 없을 것이다.

이것이 여성의 대화 방식이며, 공감을 표현하는 방식이다.

여자들끼리 대화를 나누는 것은 상대방과 자신의 관계성을 서로 확인하는 것을 의미한다. 자신과 상대방을 비교하면서, 서로의 지위를 확인할 수 있는 대화 주제를 꺼낸다. 상대방의 지위를 탐색하기 위해서는 먼저 분위기를 돋우면서 같은 주파수로 대화를 나눌 필요가 있다. 주파수를 맞추는 데는 상대방의 반응을 확인해서 똑같이 대응하는 것이 가장 좋은 방법이다. 그러니까 상대방이 "저기, 들었어?"라고 흥분된 분위기로 말을 걸면 "응? 뭐가, 뭐가 말이야?"라고 같이 흥분된 어조로 대응을 해야 한다. 여자끼리 나누는 대화에서는 그것이 암묵적으로 규칙처럼 되어 있다.

그래서 주위 시선에 개의치 않고 한껏 큰 목소리로 대화를 나누는 사태가 벌어지는 것이다.

이와 같이 여자들끼리 모이면 그 자리는 독특한 그들만의 공간이 형성된다.

특히 여자 셋 이상이 모이면 '남자는 이해 못할 거야!' '맞아' 하면서 묘하게 자신들만의 분위기를 만들어서 소곤소곤 이야기하기 시작한다. 그리고 남자는 함부로 다가갈 수 없는 분위기를 자연스럽게 자아낸다.

거기에는 남자가 개입할 수 있는 여지가 없다. 개입하려 해도 '들어오지 말라' 는 분위기가 조성되어 있다. 여성은 무리 지어 모이게 되면 무의식중에 남자가 들어올 수 없도록 보이지 않는 벽을 형성한다.

여자는 왜 친구와 같이 화장실에 가는 걸까?

여성은 본능적으로 여자들만 있는 '무리' 안에 있으면 안심이 된다.

그 대표적인 예가 화장실과 탈의실, 탕비실이다.

여자 화장실이나 탈의실, 탕비실 등에서 여사원 몇 명이 모여서 소곤소곤 대화를 나누는 것은 어느 회사에서나 흔히 볼 수 있는 모습이다. 거기에는 여성만이 느낄 수 있는 '연대감' 이 있다. 그곳에서 여성들은 서로 알고 있는 정보를 교환하고 관계와 유대의식을 확인할 수 있는 보장된 공간이다. 즉 공공연하게 서로의 지위를 탐색할 수 있는 중요한 장소이다.

특히 화장실은 여성에게 일종의 '성역' 이라 할 수 있다. 남자에게는 단순히 '배설하는 장소' 일지 모르나, 여성에게는 대화의 장을 열 수 있는 곳이며, 화장을 고치는 곳이기도 하고, 생리 같은 자신의 몸 상태를 확인할 수 있는 곳이기도 하다. 여성은 화장실에서 짧은 시간이나마 안식을 취하고, 자신을 재충전한다. 화장실은 여성이 꾸미지 않은 모습을 드러내 보일 수 있는, 말 그대로 '레스트룸(rest room)'인 것이다.

여성은 이 휴식 공간에서 거울로 자신의 얼굴을 확인하고, 친구와 이야기하면서 서로의 지위를 확인한다. 그리고 떠도는 소문을 화제로 삼아 이야기꽃을 피운다. 그 대화에 끼지 못하면 유행하는 화제에서 뒤떨어지거나 중요한 정보를 놓치는 경우도 있다. 그 때문에 여자들은 이 대화의 장에 불참하는 경우 큰 위기감을 느낀다.

그래서 여성은 화장실에 함께 간다. 초등학교 여자아이들은 친한 친구끼리 모여서 함께 화장실에 가고, 성인 여성도 한 명이 "나 화장실에 간다."라고 말을 꺼내면 다른 사람도 "나도 갈래." "나도." 하면서 너도 나도 자리에서 일어선다. 화장실만이 아니다. 여자끼리 모여서 점심을 먹으러 가거나, 여자끼리 미리 의논해서 함께 퇴근하는 것도 같은 이유이다.

앞에서 언급했듯이 여자는 자신이 속한 여자들 무리에서 따돌림을 당하면 본능적인 불안을 느낀다. 그래서 화장실도 식당도 모두 함께 간다. 여자는 여자들의 무리에서 밀려 나오거나 혼자 남겨지는 것을 두려워한다.

여자들끼리는 텔레파시로 이어져 있다?

이와 같이 여성에게 '무리를 이룬다'는 것은 특별한 의미가 있다.

여성이 모이면 그곳에는 연대감이 형성되고 남자는 거기에 개입할 수 없다. '보이지 않는 벽'이 생겨 여성들 사이에서만 통하는 공감의 연결고리가 생긴다. 게다가 모두 공감을 표현하는 방식이 같고, 암묵적인 동의 아래 대화를 나누기 때문에 이유를 말하거나 설명을 덧붙이지 않아도 서로 대화가 잘 통한다.

이것은 마치 남자는 모르는 텔레파시로 이어져 있는 것 같다.

그래서 여성은 이 '공감'을 서로 나눌 수 있는 무리 안에 있는 것이 매우 편안하다. 이 편안한 장소를 잃고 싶지 않기에 여성은 늘 동료들의 움직임에 신경을 쓴다. 늘 옆 사람을 곁눈질로 쳐다보고, 자신의 지위와 주변 평가를 확인하며 눈에 띄는 행동을 삼간다. 그리하여 동료들에게 미움 받지 않도록 하고, 소문과 같은 정보에도 주의를 기울여야 한다.

여성에게 몹시 힘든 일이지만 '무리' 안에서 자신의 자리를 유지하기 위해 꼭 필요한 것이다.

뇌 안에는 '미러 뉴런'이라는 신경세포가 있다.

미러 뉴런은 다른 사람의 행동을 보고 자신의 행동을 어떻게 할 것인지 판단하는 신경세포이다. 다른 사람의 행동을 흉내 내거나, 배려와 이해, 동정 등을 표현하는 데에도 이 신경세포가 중요한 작용을 한다고 한다. 즉 인간의 공감 능력에 깊이 관여하는 뇌세포이다.

이 뉴런은 발견된 지 얼마 되지 않아서 아직 자세한 연구는 진행되지 않았다. 그렇지만 어쩌면 여자의 뇌는 '미러 뉴런'이 발달되어 있을지도 모른다.

공감하기 위해서는 상대방이 나를 비추는 거울이 되어주어야 하며, 나 역시 상대방을 비추는 거울이 되어주어야 한다. 여성은 자신과 똑같은 모습을 한 상대방의 거울에 자신이 비춰지면 안심한다. 자신이 비춰지지 않으면 불안해한다. 그래서 본능적으로 같은 모습을 비추는 무리를 갈망하고, 그 무리에서 밀려나지 않도록 늘 다른 사람의 거울을 엿보며 자신의 모습을 확인하는 것이다.

여성이 여성의 무리 안에서 살아가기 위해서는 아마도 그런 '거울'이 꼭 필요할 것이다. 여성이 모여서 소리 지르며 소란스럽게 구는 것도 서로의 거울에 각자의 모습을 비출 수 있는 것이 기뻐서일지도 모른다.

여자는 왜
파트너의 불륜을
알게 되면 무리 지어
반격할까?

여자는 군중의 힘을 이용할 줄 안다

당신은 초등학생일 때 마음에 드는 여자아이를 괴롭혀서 울린 적이 없는가? 그러면 그 아이와 친한 여자아이 서너 명이 떼를 지어 따지러 온다. 그리고 "야, 너 ○○ 울렸지? 선생님한테 이를 거야!"라며 반격한다.

이런 방식은 성인이 되어도 별로 바뀌지 않는다.

회사 조직에서도 근로조건이나 인간관계 등의 문제로 대우에 불만이 있으면 여사원은 여자끼리 결탁하여 불만을 호소하러 오는 경우가 많다.

또 여자가 많은 가정에서는 아내와 딸이 연합하여 함께 행동하기도 한다. 방귀 냄새가 난다느니, 놀이공원에 데리고 가달라느니 하며 여자들이 공동전선을 형성해서 가격하면 정말 힘들 것이다.

왜 여자는 따져 묻거나 불만을 토로할 때 이렇게 무리 지어서 움직이는 것일까?

앞에서도 말했지만, 여성에게 '여성 집단'은 무엇과도 바꿀 수 없는 존재이다.

여성들은 군중의 힘을 잘 알고 있다.

여성은 혼자 있을 때는 '한 사람의 여성'이지만, 2명이 모이고 3명이 모여 그룹을 형성하면 큰 힘을 가질 수 있다는 사실을 모두 잘 알고 있다. 수렵채집생활을 하던 시대에 여성은 '피메일 본드(female bond)'라고 하는 결속력이 강한 집단을 형성하고, 남자들이 사냥하러 멀리 떠나면 남자들 대신 마을을 지켰다. 외부의 적으로부터 자신을 지키기 위해서는 결속이 최고라는 사실을 본능적으로 알고 있었던 것이다. 무리 안에 있으면 공격당할 걱정이 적고, 서로가 서로를 지켜준다. 게다가 불평불만을 토로할 때도 혼자 하면 흔들릴 수도 있지만, 동료들과 한편이 되어 주장하면 안심이 되고 무섭지 않다.

그래서 여성들은 이따금 집단 구성원을 '모두' 투입하는 전술을 펼친다. 결속력이 강화되면 힘은 강력해진다. 자신의 개인적인 의견이 아니라 집단 전체의 의견인 것마냥 꾸미는 것이다. 여성은 흔히 "모두들 그렇게 생각합니다."라든가 "이것은 모두의 의견입니다."라는 식으로 말을 하는데, 이것 역시 집단의 힘을 강조하기 위해서다. 다소 교활한 방법을 주저하지 않고 무의식중에 사용하는 것도 그만큼 여성이 '집단의 힘'에 두터운 신뢰를 가지고 있기 때문에 가능한 것이다.

수용, 공감, 지지가 가장 중요하다

여성이 무리를 지어 불만을 토로하러 왔을 때 남자는 어떻게 대응하는 것이 현명할까? 여직원이 많은 직장에서는 아마도 이것이 절실한 문제일 것이다. 몇 가지 대응 방법을 들어보겠다.

- 우선 공감을 표현한다

전문 상담원은 상대방의 하소연을 들을 때 수용, 공감, 지지, 보증, 설득이라는 '듣는 기술'에 맞춰 행동한다. 이 중에 특히 중시해야 하는 세 가지가 수용, 공감, 지지이다. 무조건 상대방의 주장을 부정해서는 안 된다. 먼저 말을 귀담아듣고(수용), 상대방의 입장을 이해하며(공감), 상대방을 되도록이면 옹호해주는(지지) 자세를 보여주는 것이 좋다.

특히 여성의 말을 들을 때는 '공감'이 무엇보다 중요하다. 몇 번이나 되풀이해서 말했듯이 여성은 공감 능력이 매우 발달되어 있다. 그래서 "그거 정말 힘들었겠군요." "그 기분 잘 알아요."와 같은 말로 먼저 상대방의 입장을 이해하고 공감한다는 의사를 명확하게 전달해야 한다.

눈속임이어도 상관없다. 어쨌든 '이 사람이라면 내 말을 이해해 줄 것 같아' '꽤 말을 잘하는데'라는 인상을 심어줄 필요가 있다.

• 감정적인 부분을 흉내 내어 공감을 표현한다

여성의 말에 공감을 표현할 때는 부장이 어쨌네 저쨌네, 회사 대우가 이랬네 저랬네 하는 '사실'이 아니고, 불평불만이나 괴로움 등 '감정적인 부분'에 동의해주는 편이 좋다.

'사실'에 동의하거나 공감을 하면 나중에 문제가 생긴다. 그러므로 상대방이 어떤 기분인지 헤아려서 그 '감정'에 초점을 맞춰 공감을 표시한다. 이것을 심리요법에서는 '페이싱(Pacing)'이라고 한다.

예를 들면 상대방이 "이런 일로 저희들은 몹시 힘들었습니다." 라고 말하면 "그래. 그거 정말 힘들었겠군." 하고 응수를 해주고, "이렇게 괴로웠습니다."라고 말하면 "그래, 그렇게 괴로웠구나." 라고 응수한다.

페이싱은 말만이 아니라 몸짓이나 표정, 말하는 속도, 목소리 크기, 목소리 톤 등도 상대방에 맞춰야 한다. 상대방이 미간을 찡그려 슬픈 듯한 표정을 지으면 이쪽도 미간을 찡그리며 슬픈 표정을 짓는다. 상대방이 천천히 말하면 이쪽도 천천히 말한다. 이러면 상대방은 공감 받는다는 느낌에 안심하여 긴장을 풀고 방어 태세를 해제한다. 상대방이 집단이라면 먼저 무장 해제를 해준다.

• 몇 가지 해결안을 제시하여 선택하게 한다

해결 방법을 제시할 경우는 이쪽에서 A안, B안, C안 등 몇 가지 해결안을 제시하고 어느 것이 좋은지 상대방이 직접 선택하도록 하는 게 좋다. 그렇게 하면 타협점을 찾기 쉬운 이점이 있다. 또한 여성의 뇌는 선택하는 것에 서투르기 때문에 여러 안을 제시하면 좀처럼 선택을 하지 못하고 이랬다저랬다 하면서 망설인다. 그렇게 되면 이쪽에서 "자, 이렇게 하지." "이런 절충안도 있는데." 하면서 구체적인 제안을 꺼낼 수 있으며, 주도권을 잡고 교섭을 진행할 수 있다.

이와 같이 여성을 상대로 교섭할 때 여성의 뇌와 행동의 특징을 알고 적절히 활용하면 원활하게 결말을 지을 수 있다. 직장에서, 가정에서, '한꺼번에 무리 지어 달려드는 여성들' 때문에 곤란한 사람은 이 방법을 실천해보면 어떨까.

남자와 여자는
왜 서로를
이해하지 못하면서도
끌리는 것일까?

동적인 행복과 정적인 행복

인간은 어디서 행복을 느끼는 것일까? 아마도 많은 사람이 '마음'이라고 대답할 것이다.

그렇지만 그 마음을 움직이는 것은 뇌이다. 행복이라는 감정은 뇌에서 만들어낸 것이나.

뇌가 만들어낸 행복의 감정에는 크게 두 가지가 있는데, '도파민계 행복'과 '세로토닌계 행복'이다.

도파민계 행복은 고양감이나 상쾌함을 불러일으키는 '동적인 행복'이다. 여기에는 페닐에틸아민과 β-엔도르핀 등의 흥분계 물질이 만든 쾌감도 포함되어 있다. 연애나 섹스에서 느끼는 쾌감자극이나 스포츠와 회사 업무 등에서 느끼는 성취감은 대표적인 '동적인' 행복일 것이다.

이에 비해 세로토닌계 행복은 '정적인 행복' 이다. 이것은 자식을 사랑하는 마음과 가족을 소중히 생각하는 마음이 대표적이다. 편안하고 포근하게 감싸인 듯한 행복, 한가로운 오후 햇살 같은 온화한 마음을 갖게 하는 충만함이라 할 수 있다.

지금까지 말한 바와 같이 이 두 가지 신경전달물질이 주는 행복감은 연애, 결혼, 출산, 양육이라는 인생의 각 단계에서 다양한 형태로 느낄 수 있으며, 남성과 여성에게 살아가는 힘을 효과적으로 끌어내준다.

예를 들면 도파민계 행복은 회사 업무나 연애에서 목표를 세우고, 의욕을 가지게 한다. 업무 능력이 순조롭게 향상되는 것도, 불타는 뜨거운 사랑을 할 수 있는 것도 모두 뒤에서 도파민이 의욕을 강하게 북돋아주기 때문이다. 섹스를 여러 번 해도 싫증나지 않는 것도 도파민계 호르몬이 빨리 자손을 남기라고 번식 본능을 자극하기 때문이다.

그렇지만 도파민계 행복은 오래가지 못하고 기한이 정해져 있다. 결혼한 뒤 3~4년이 지나면 뜨거운 정열이 자취를 감추고 점차 세로토닌계 행복으로 바뀌면서 안정된 생활을 하게 된다.

아이가 태어나면 세로토닌은 더욱 활성화되어 아이와 가족을 소중하게 보살피려는 의지가 생긴다. 행복의 형태가 '번식 모드' 에서 '양육 모드' 로 바뀐다. 그래서 이 시기는 섹스 횟수가 줄어든다. 세로토닌은 '지금은 섹스보다 가족과 함께 행복을 키워가는 것이 중요하다'고 일깨워준다.

세로토닌계 행복도 아이가 성장하여 떠나고 돌볼 대상이 사라지면 전환기를 맞는다. 이 시기 이후에는 남성도 여성도 스스로 자신의 행복을 위해 노력해야 한다. 취미나 공부, 여행도 좋다. 삶의 보람을 느낄 수 있는 목표를 설정하고 도파민과 세로토닌을 의식적으로 생활화하는 자세가 필요하다.

뇌가 바뀌면 성격과 행동도 바뀐다

이런 전체적인 흐름을 보면 도파민과 세로토닌이 만든 '행복'이 인생을 조종하는 것처럼 보인다.

인간을 하나의 생물로 봤을 때 인생의 중요한 목적은 유전자를 남기는 것이다. 도파민과 세로토닌은 가장 중요한 과제를 달성하기 위해서 분비되어야 할 순간에 분비되도록 되어 있다. 아이를 만들기 위한 번식기에는 도파민이 활성화되어 남성과 여성은 섹스에 빠지게 되고 아이를 키워야 하는 시기에는 세로토닌이 활성화되어 양육 모드에 들어가게 된다. 이 두 가지 '행복 호르몬'은 그때그때 인생의 단계에 맞춰 남성과 여성이 원하는 '행복의 형태'를 적극적으로 바꾼다. 그 행복을 성취했을 때 '쾌감'을 뇌에 전달하고, 힘을 잘 발휘하여 '유전자를 남긴다'라는 커다란 목적을 수행하도록 되어 있다.

또 이 두 가지 '행복 호르몬'은 그 사람의 성격과 행동에도 큰 영향을 미친다. 도파민과 세로토닌은 인생의 무대가 바뀔 때마다 뇌를 크게 변화시킨다. 이것은 연극 무대가 바뀔 때마다 연출가가 바뀌는 것과 같다. 연출가가 바뀌면 연극 내용도 싹 달라진다. 그와 마찬가지로 뇌가 바뀌면 성격이 바뀌고, 성격이 바뀌면 행동도 바뀐다.

특히 여성의 뇌는 변화가 크다. 출산과 양육, 갱년기 등 시기마다 참으로 극적인 변화를 겪는다. 성격도 행동도 '이 사람이 옛날의 그녀 맞아?' 라고 제 눈을 의심할 정도로 달라지는 사람도 있다.

그러므로 때로는 남자가 여자를 전혀 이해하지 못하기도 한다.

남자의 뇌와 여자의 뇌는 날 때부터 구조뿐만 아니라 기능이 다르다. 원래도 다른데, 거기에 큰 변화까지 겪게 되니 어찌 보면 남자가 여자를 이해 못하는 것은 당연하다 할 수 있다.

남자와 여자는 변하기 때문에 흥미롭다

남자의 뇌와 여자의 뇌가 서로 이해하고 잘 지내기 위해서는 어떻게 하면 좋을까?

첫 번째는 '변화'에 민감해져야 한다. 남성이든 여성이든 뇌에는 변화의 시기가 있다. 곤충이 껍질을 벗으면서 성장하듯이 인간에게도 '탈피'를 하는 시기가 있다. 파트너의 '탈피' 징후는 평소에 곁에서 잘 관찰하면 알 수 있다. 변화기에 관심을 갖도록 한다.

예를 들면 아내가 갱년기 전에 여러 가지 불편한 증상을 호소하는데 회사 일에 얽매여서 바쁘다는 핑계로 문제를 외면하려 해서는 안 된다. 아내가 지금 '탈피' 전 불안과 고통에 시달리고 있다는 사실을 남편은 제대로 이해해야 한다.

그리고 파트너의 변화에 맞춰 자신도 달라져야 한다. 상대방을 바꾸려 해도 쉽게 바꿀 수 없다. 결국 자신이 달라져야 상대방도 달라진다. 남자와 여자는 서로 이해하려 노력하며 '탈피'의 과정을 되풀이하면서 변화하고 성장한다. 인생의 시기마다 뇌는 변화하며 성격과 행동이 바뀌고, 서로를 자극하면서 나이 들어가는 것이다.

얼마 전까지만 해도 뇌세포는 성인이 되면 줄어들고 새로운 세포는 생성되지 않는 것으로 알려져 있었다. 그렇지만 지금은 다르다. 뇌에 있는 해마에서 밤낮으로 새로운 세포가 생성되고 있다는 사실과, 그 새로운 세포가 뇌 전체를 활성화시키며 여러 가지 정보 처리 능력을 향상시킨다는 사실이 밝혀졌다. 즉 나이가 든 뒤에도 뇌는 계속 성장한다는 의미다.

새로운 뇌세포를 생성하기 위해서는 일상생활에서 느끼는 '자극'이 반드시 필요하다. 그래서 남자와 여자는 서로의 뇌를 자극히고, 그 자극을 사양문 삼아 뇌를 성장시켜야 한다. 서로 다른 점을 깨닫고 서로의 변화에 놀라며, 서로의 성장에 감동하고, 더 많이 서로를 자극해야 한다.

남자는 여자를 이해하지 못하고, 여자는 남자를 이해하지 못한다. 그것은 뇌 구조 자체가 다르기 때문에 당연하다. 그렇지만 서로 잘 모르기 때문에 흥미로워하며 서로에게 끌리고, 자극을 받고, 그로 인해 새롭게 뇌가 성장하는 계기가 된다. 활성화된 뇌가 도파민과 세로토닌을 분비하여 행복을 추구할 힘을 주는 것이다.

　남자와 여자는 서로를 이해하지 못하기에 재미있다. 그리고 남자와 여자는 변화하기 때문에 재미있다. 세상에는 남자와 여자밖에 없다. 서로의 차이를 마음껏 즐기고 서로의 변화를 마음껏 즐겨보는 것은 어떨까?

맺는 글

당신도 인기 있는 남자가 될 수 있다

아내의 기분을 모르겠다

오전에 진료가 지연되어 한창 일하고 있는데 오후 2시쯤 친구에게 메일이 왔다.

"아내 일로 상담하고 싶은데, 오늘 저녁 시간 어때? 몇 시가 되든 난 상관없어."

그 친구와 저녁 8시에 만나기로 약속을 정했다.

친구의 말에 의하면 전날 말다툼한 뒤에 아내가 과호흡 발작을 일으켜 구급차에 실려 갔다고 한다. 요 한 달 동안 그의 아내는 퇴근한 남편을 붙들고 과거의 일을 가지고 매일 비난했다. 결혼한 뒤 낯선 집에 혼자 남겨놓았던 일, 육아를 한 번도 도와주지 않았던 일, 머리가 나쁘다며 늘 비난했던 일, 시어머니에게 무시당했던 일 등 가물가물한 일들을 잇달아 꺼내며 따졌다. 몇 번 설명을 했지만 아내는 납득하지 못했다. 어떻게 해야 아내의 불만이 해소될까?

나는 그에게 말했다.

"말하고 싶은 만큼 말하게 내버려두는 게 좋아. 지금까지 가슴에 쌓아두었던 불만을 표출하지 못하게 막으면 필시 몸이 안 좋아질 거야. 병에 걸릴 거라고. 그래, 괴로웠구나, 내가 잘못했어, 하고 아내한테 공감을 표시해 줘."

그리고 나서 그는 매일 밤 귀가하면 열심히 아내의 말에 귀를 기울였다. 부정하고 싶을 때도 있었다. 화가 날 때도 있었다. 이미 한 이야기를 또 하고 또 하는데, 아무리 가족이라 해도 같은 소리를 반복해서 듣는 것은 몹시 힘들었다. 하지만 꾹 참고 끝까지 들어주었다.

한 달이 지나자 아내의 말이 줄기 시작했다.

아내는 아직 불안정했지만 조금씩 긍정적인 모습을 보여주기 시작했다. 의사에게 처방받은 약도 잊지 않고 챙겨 먹었다.

어느 날 아내가 말했다.

"당신이 없으면 나 혼자서는 살 수 없어."

아내는 자신의 존재를 알아주기 바랐던 것이다.

그는 그때 아내와 자신이 서로 알지 못하는 곳에서 각자 괴로워하고 있었다는 사실을 깨달았다. 자신이 없으면 살 수 없다는 유약한 아내를 자신이 지켜주지 않으면 누가 지켜준다는 말인가? 그는 이제야 겨우 아내에게 자신이 어떤 존재인지 깨달았다.

최근에는 그가 말을 잘 들어준 덕분인지, 아니면 아내의 상태가 좋아진 덕분인지 나에게 전화를 거는 일이 뜸해졌다.

다른 종끼리도 대화는 가능하다

남자와 여자는 다른 종이기 때문에 대화를 나누지 않으면 서로 이해하지 못한다. 가장 효과적인 대화 수단은 '말'이다. 인간의 뇌는 '말'에 의해서 발달해왔다. 그래서 '말'에 대해 민감하다. 남자도 말할 때는 더욱 감정 표현을 하는 것이 좋다. 남자는 표현을 하지 않기 때문에 소중한 것들을 많이 잃는다.

미국 작가이자 심리치료사인 데이빗 쿤디츠는 저서 《마음으로 느끼는 여자 배로 느끼는 남자》에서 다음과 같이 말하고 있다.

"여성에게 인기 있는 남자는 친절한 사람이다. 친절함이란 선물을 주거나 달콤한 말을 건네는 것이 아니라, 상대방의 감정을 받아들이고, 공감하는 마음과 공명하는 마음을 의미한다."

상대방의 기분을 읽는 능력을 익히는 방법은 본문을 참고하기 바란다. 모르겠다면 상대방에게 물어보면 된다. 원하는 것을 주는 것이 가장 효과적이다.

지금 당장 시작할 수 있다. 오늘부터 당신 옆에 있는 여성에게 시험해보기 바란다.

히메노 토모미

여자는 왜 갑자기 화를 낼까

초판 1쇄 인쇄 2013년 10월 10일
초판 1쇄 발행 2013년 10월 15일

지은이 히메노 토모미
옮긴이 구현숙
펴낸이 명혜정
펴낸곳 도서출판 이아소

등록번호 제311-2004-00014호
등록일자 2004년 4월 22일
주　소 121-841 서울시 마포구 서교동 487 대우미래사랑 1012호
전　화 (02)337-0446 | **팩　스** (02)337-0402

책값은 뒤표지에 있습니다.
ISBN 978-89-92131-75-9 03320

도서출판 이아소는 독자 여러분의 의견을 소중하게 생각합니다.
E-mail : iasobook@gmail.com